KB066984

4차 산업혁명 시대 직접판매 사업 글로벌 지침서

메가 마케팅

MEGA

4차 산업혁명 시대 직접판매 사업 글로벌 지침서

메가 마케팅

초국가 시장, 초국가 소비자, 초국가 유통

marketing

이창우 지음
이미희 감수

트럼프 대통령도 권유한 부자가 되는 직접판매 사업

– 프로슈머가 메가슈머로 진화
– 프로슈머 마케팅이 메가 마케팅으로 진화

 아름다운사회
Beautiful Society

_____ 님께

행복한 성공을 나누고 싶은

_____ 드림

MEGA marketing
4차 산업혁명 시대 직접판매 사업 글로벌 지침서 메가 마케팅

글로벌 시장
직접판매 실전 가이드

"왜 직접판매 사업을 하시나요?"

"성공하려고요."

"왜 성공하고 싶습니까?"

"돈을 많이 벌어서 행복해지고 싶어요. 그리고 가난을 대물림하고 싶지 않아요."

이런 대화는 직접판매 사업에서 흔히 있는 일이다. 하지만 돈 벌기가 어디 쉬운가? 돈 벌기가 쉬우면 모두 부자가 되었으리라.

그럼 사람들이 돈을 많이 벌기 위해 뛰어든다는 직접판매 사업은 대체 무엇인가? 직접판매공제조합은 직접판매를 이렇게 정의한다.

"직접판매는 다이렉트 셀링(Direct Selling)이라 불리며 총판·도매상·소매점 등의 중간 유통망을 거치지 않고 소비자와 직거래하는 유통 방식으로, 판매원이 판매하는 상품을 사용해본 소비자가 조직의 판매원이 되어 상품을 판매하는 과정이 반복적으로 이뤄지는 판매 방식을 의미한다."

또한 직접판매세계연맹(WFDSA, World Federation of Direct Selling Associations)에서는 직접판매를 "판매원이 고객의 집, 사무실 등 자신의 영업장소를 제외한 어디서든 제품 설명과 시연 등을 활용해 소비자에게 대면 방식으로 상품 및 서비스를 파는 마케팅 방식"이라고 정의한다. 한마디로 직접판매는 생산자와 소비자가 중간단계 없이 직접 거래하는 방식을 말한다. 표현은 좀 다르지만 직접판매는 법적으로 '방문판매 등에 관한 법률'에 따라 방문판매, 전화권유판매, 다단계판매, 후원방문판매 등을 포괄하는 의미로 사용한다.

그렇다면 직접판매 사업으로 어떻게 돈을 버는 것일까? 그 답은 지극히 상식적이다. 일단 생산자와 소비자가 직거래를 하다 보니 총판, 도매상, 소매상, 물류업자, 중개업자 등이 가져가는 중간마진이 존재하지 않는다. 이 경우 소비자는 상품 가격이 저렴해서 좋고, 판매자는 싸게 공급하면서도 중간단계가 없으니 수익성이 좋다. 나아가 소비자를 안정적으로 확보할 수 있어서 누이 좋고 매부 좋은 사업이다.

대표적인 직접판매 업종 및 상품으로는 보험, 화장품, 야쿠르트 등이 있고 농촌과 도시 아파트 단지에서 농산물을 직거래하는 것도 여기에 속한다. 그러나 여기서 말하고자 하는 직접판매는 판매자뿐 아니라 소비자에게도 이익이 돌아가는 새로운 유통 방식이다.

판매자와 소비자가 서로 윈윈하는 직접판매에서 판매자는 판매량을 늘리기 위해 매출에 따라 장려금, 보조금, 선물 등을 준다. 소비자는 사용해보고 제품이 좋아서 주위에 소개만 해도 장려금을 받는다. 소개하면 할수록 장려금이 늘어나는 과정이 선순환을 일으키면서 서로가 좋은 것이 바로 직접판매 사업이다. 직접판매 사업을 돈 없는 서민이 돈을 벌 수 있는 유통 사업으로 부르는 이유가 여기에 있다.

이 같은 직접판매 방식은 미국을 비롯한 선진국에서 최신 유통 산업의 한 분야로 각광받고 있다. 오늘날 한국에서 폭발적으로 인기를 누리고 있는 해외직구매나 역직구(직판매)가 바로 글로벌 시장에서 직접판매를 온라인과 모바일로 구현한 사업모델이다. 최근 통계청 자료에 따르면 한국의 2017년 온라인 해외 직판매는 3조 원이 넘을 것이라고 한다. 결국 FTA(자유무역협정) · 전자상거래 · 모바일 · SNS · 핀테크 등이 결합해 글로벌 유통 형태로 발전한 직접판매는 4차 산업혁명 시대의 대표적인 선진 유통 기법이다.

중국의 광군제(싱글들을 위한 11월 11일을 뜻하며 중국판 블랙프라이데이로 불린다. 중국 최대 규모의 온라인 쇼핑 시즌) 때면 전 세계 244개 국가 소비자들이 하나의 온라인 플랫폼에서 하루 사이에 20조원 이상의 상품을 구매하는 쇼핑 광풍이 몰아친다. 이것은 4차 산업혁명과 FTA가 결합해서 만들어낸 세기적인 마술이다. 이 마술의 주인공들은 플랫폼을 기반으로 지역, 국경, 국가를 넘어 가치 소비를 하는 초국가적 소비자인 이른바 메가슈머들이다. 해외직구족에 이어 또 다른 4차 산업혁명 시대의 신글로벌 소비족이 탄생한 셈이다.

그러면 해외직구족, 메가슈머족 같은 초국가적 신소비족을 공략하려면 어떻게 해야 할까? 그 비법은 초국가 프로슈머 마케팅인 메가 마케팅에 있다. 인터넷, 모바일, SNS, 앱스토어, 플랫폼 등 다양한 소통 채널로 진화하던 프로슈머 마케팅이 시대 변화에 따라 글로벌 시장으로 확장된 것이 메가 마케팅이다. 이제 메가 마케팅은 국가와 국경, 인종과 민족, 문화와 종교, 남녀 구분 없이 확산되고 있다.

이 책은 새로운 유통 혁명이 폭발하는 4차 산업혁명 시대를 맞아 한국 직접판매 업계가 성공하려면 어떻게 해야 하는지 그 길을 안내하려는 목적으로 쓴 것이다. 메가 FTA 시대에 국내 시장에 안주하고 있는 직접판매 업계의 FTA 시장 진출을 지원하려는 목적도 있다.

4차 산업혁명 시대에 직접판매 분야는 메가 마케팅에 합류해야 한다. 그리고 국내외 시장이 통합되는 FTA 시장에서 독립적인 개인사업자(IBO, Independent Business Owner)인 직접판매 사업자들은 성공 시스템을 새롭게 짜야 한다. 좁은 국내시장에서 지분을 늘리기 위해 치열하게 경쟁하던 시대는 지나갔다. 이제 필요한 것은 글로벌 교역 현장에 대한 실체적 지식이나 방법론이다. 그것이 없으면 글로벌 시장에 진출하는 일이나 4차 산업혁명에 대비한다는 것이 막연한 일로 다가올 수밖에 없다.

이 책은 세계시장에 관한 최신 정보를 제공하는 한편, 국내시장을 넘어 세계 거대시장에서 사업을 펼치는 메가 마케팅을 위한 국내 최초의 실행 가이드다.

세계시장의 흐름을 모르면 FTA 시장에 진출하거나 4차 산업혁명에 대응하는 것은 고사하고 국내시장에서조차 생존하기 어렵다. 이미 성공한 사업자들 역시 미래에도 성공을 지속할 것이라고 장담할 수 없다. 국내시장이 FTA로 글로벌 시장에 편입되기 때문이다.

가령 화장품, 건강보조식품, 바이오, 한방 등을 취급하는 직접판매 업체가 자기들의 저승사자인 나고야 의정서를 모르면 수출은커녕 국내에서조차 생존한다는 보장이 없다. 마찬가지로 TISA에서 유통·물류 등의 국제표준을 확정할 경우 ITA를 모르면 사업을 존속하기 어렵다.

이 책에는 달콤한 비전, 독자들을 현혹하는 사업 권유, 성공한 사업자를 향한 미사여구 등이 없다. 초경쟁이 벌어지는 글로벌 시장에 낭만은 없으니 말이다. 승자독식 원칙이 지배하는 글로벌 정글에서는 성공만이 생존을 담보한다. 내용이 좀 딱딱하긴 해도 국내시장이 아닌 글로벌 시장 진출 지침서임을 감안해 끝까지 읽으면 새로운 세상, 넓은 세계가 보일 것이다.

이 책은 50개국 이상이 참여하는 TISA의 금융·유통·물류 표준화에 대비하고 한·중·일 FTA, RCEP(역내 포괄적 경제 동반자 협정, Regional Comprehensive Economic Partnership), FTAAP(아시아·태평양자유무역지대, Free Trade Agreement of the Asia Pacific) 등 메가 FTA의 직접판매 시장을 선점하기 위해 중국·아세안·미국·호주 등에서도 곧 출판할 예정이다. 물론 한국도 TISA 협정과 메가 FTA에 참여하고 있다. 따라서 국내 직접판매 업계는 앞으로 국내는 물론 해외에서도 선진국 직접판매 업체들과 치열하게 경쟁을 벌일 전망이다.

경계선이 무너진 곳에서 꽃이 핀다고 한다. 여러분의 의식과 미음, 습관, 행동이 경계선을 무너뜨려야 한다. 시장에서는 이미 국내외 경계선이 사라진 지 오래다. 지금보다 더 나은 미래를 원한다면 경계선을 허물고 글로벌 시장에서 메가 마케팅을 추진하는 것이 마땅하다.

이제 직접판매 사업자들은 선택해야 한다. 협소한 국내 시장에 머물러 소비자를 포획하는 20세기형 다단계 사업을 할 것인가, 아니면 4차 산업혁명과 FTA 시대에 21세기형 메가 마케팅 사업을 할 것인가? 그 선택은 여러분에게 달려 있다. 단, 세상과 시장은 언제까지나 여러분을 기다려주지 않는다.

아무쪼록 이 책이 직접판매 분야에서 성공을 위해 불철주야 노력하는 많은 사업자에게 도움을 주었으면 하는 마음이 간절하다.

2017년 7월, 파주 우거에서

이창우

star222@dreamwiz.com

MEGA

mark

제1장

트럼프도 권유한 부자 사업,
직접판매의 미래는?

초국가 시장,
초국가 소비자,
초국가 유통

메가 마케팅

1. 싸이의 대성공은
초연결 네트워크 덕분

단군 이래 가장 유명한 한국인, 싸이

단군 이래 가장 유명해진 한국인 중 한 명인 싸이! 한국의 평범한 가수였던 싸이의 세계적인 히트곡 〈강남 스타일〉 뮤직비디오가 2016년 7월 2일 현재 유튜브 조회 수 26억 뷰를 돌파했다. 이는 싸이의 말춤을 전 세계 26억 명이 봤다는 얘기다. 2017년이 된 지금은 아마 훨씬 더 많이 봤을 것이다. 2012년 7월 공개한 이후 전 세계적으로 사랑을 받고 있는 〈강남 스타일〉이 4년 연속 유튜브 조회 수 세계 1위 기록을 이어가고 있는 셈이다. 한민족 5천 년 역사상 그 누가 4년 연속 세계 1등을 했단 말인가? 그것도 압도적으로 말이다. 그렇다면 싸이의 대성공 요인은 무엇일까?

일반적으로 가수가 다른 국가에서 유명해지는 데는 오랜 시간이 걸리고 비용도 많이 든다. 먼저 음반을 내 국내에서 성공한 다음 음원 등을 수출한 뒤 광고나 입소문 등에 따라

인기가 상승하는 과정을 거친다. 이 과정에는 많은 자금과 시간, 노력이 들어가지만 반드시 성공한다는 보장은 없다.

싸이는 다르게 접근했다. 기존의 홍보 메커니즘을 완전히 파괴하고 전 세계인이 무료로 보는 유튜브에 자신의 신곡을 올려 단 1년 만에 전 세계 17억 명에게 알리면서 순식간에 월드스타로 부상한 것이다. 즉, 싸이는 전 세계를 실시간으로 연결하는 유튜브 덕분에 많은 시간과 비용을 들이지 않고 단시간 내에 전 세계에 말춤 붐을 일으켰다. 이는 초국가 시장, 초경쟁 시장에서 파괴적 혁신으로 성공한 대표적인 사례로 유명하다. 한마디로 싸이의 성공 요인은 초연결 네트워크를 활용한 데 있다.

만약 싸이가 초연결 네트워크를 활용하지 않고 보통의 가수처럼 TV나 라디오, 신문 등 기존 매체를 활용했다면 1년에 17억 명이 뮤직비디오를 시청할 수 있었을까? 4년 만에 세계 인구의 3분의 1이 넘는 26억 명이라는 광팬을 확보할 수 있었을까? 어림도 없는 일이다.

이제 시대가 변했다. 세상은 네트워크로 촘촘히 연결되어 있다. 〈강남 스타일〉이라는 엔터테인먼트 서비스는 네트워크를 기반으로 전 세계에 동시에 저렴하게 필려 나갔다. 여기에는 국경도 종교도 문화도 인종도 남녀 구분도 없다. 단지 네트워크로 연결된 거대한 초국가 사이버 제국, 소셜 연방만 존재할 뿐이다. 새로운 시대, 새로운 세상, 새로운 시장, 새로운 제국의 탄생이다. 새로운 증거는 또 있다. 광군제가 보여주듯 바로 메가슈머[1]의 탄생이다. 초국가 거대시장이 탄생한 상황에서 초국가 소비자 탄생은 당연한 일이다.

케빈 베이컨의 법칙

초연결 네트워크는 이미 무한 확장되고 있다. 우리가 인식하지 못할 뿐이지 초연결 현상은 주변에 많이 존재한다. 인터넷이나 카톡, 페이스북, 고속도로 요금 자동징수, 아파트 음식물 처리기 등도 따지고 보면 초연결 네트워크를 활용한 사업모델이다.

심지어 FTA[2]도 넓게 보면 초연결 현상이다. 지금은 전 세계에서 수백여 개 국가가 서로 교역하며 경쟁하고 있다. 그중 경쟁력 향상을 위해 서로 가깝고 이해관계가 맞는 국가 간에 무역장벽을 허물고 시장을 통합하는 것이 FTA다. 한마디로 FTA는 글로벌 교역 네트워크다. 전 세계적으로 700여 개에 이르는 FTA가 지구촌을 촘촘히 감싸고 있다. 초연결 현상이 글로벌 시장으로 발현된 것이 FTA라고 할 수 있다. 따라서 네트워크 법칙과 효과를 알고 있으면 FTA의 특성을 파악하기도 쉽다.

초연결 네트워크는 인간관계에도 나타난다. 지구상에 흩

어진 사람도 몇 단계만 건너면 서로 아는 사이라는 이른바 '케빈 베이컨의 법칙'이 초연결 네트워크에서 더욱 두드러지고 있는 것이다. 이것은 많은 작품에 출연한 유명한 할리우드 영화배우 케빈 베이컨과 다른 영화인들이 여섯 단계 안에서 연결된다는 법칙이다. 실제로 디지털 자료 분석에서 이 법칙을 뒷받침하는 연구 결과가 나왔다.

예를 들어 마이크로소프트(MS)사 연구팀이 전 세계의 메신저 사용자 1억 8,000만 명이 주고받은 300억 건의 대화 기록을 분석한 결과, 메신저 사용자는 평균 6.6명을 거치면 서로 연결되는 것으로 나타났다. 사용자의 78퍼센트는 7단계 이하에서 서로 연결되는 것으로 조사됐다. 70억 명의 전 세계인이 6단계만 지나면 서로 연결된다니 신기하지 않은가? 이는 그야말로 초연결이라고 할 만하다.

특히 초연결 네트워크를 기반으로 한 사업자가 케빈 베이컨의 법칙을 잘 활용하면 사업에 큰 도움을 받을 수 있다. 이제부터 초연결 네트워크가 연출하는 기상천외한 마술을 살펴보자.

2. 알리바바의 광군제 열풍, 메가슈머 탄생

하루에 20조 원이 넘는 매출 달성

하루 만에 20조 원이 넘는 매출! 중국 전자상거래 업체 알리바바가 주관한 2016년 11월 11일 광군제 쇼핑 잔치에서 24시간 동안 총 244개국 소비자가 일시에 쇼핑하면서 매출액 20조 6,723억 원(1,207억 위안)을 기록했다. 이는 2015년보다 32퍼센트 증가한 액수이며, 그중 모바일 구매 비율이 약 82퍼센트로 다섯 건 중 네 건을 차지했다.

2015년 광군제에도 하루에 232개 국가에서 수백만 소비자가 참여해 16조 5,000억 원(912억 위안)의 매출이 일어났었다. 세계가 이미 하나의 시장이라는 것을 보여주는 이 현상은 거대한 유통 혁명이 진행 중이라는 것을 암시한다.

불과 10여 년 전만 해도 중국의 알리바바가 세계를 쇼핑 광풍으로 몰아간다는 것은 상상도 할 수 없는 일이었다. 당시에도 프로슈머(Prosumer: Producer + Consumer의 합성어로 인터넷

을 통해 생산자와 소비자의 역할을 동시에 수행하는 사람)라는 새로운
개념의 소비자가 탄생했지만 이 정도 일은 감히 상상하지
못했다. 이건 새로운 혁명이다. 어떻게 수백 개 국가의 소비
자가 동시에 한 곳에서 쇼핑을 한단 말인가? 그것도 대부분
휴대전화로 말이다!

이 쇼핑 광풍의 정체는 무엇인가?

광군제 쇼핑 열풍은 모바일을 기반으로 온라인과 오프라
인이 결합한 전자상거래에다 FTA 효과가 더해져 나타난 역
사적인 사건이다. 이로써 초국가 소비자인 메가슈머가 탄생
했다.

나아가 알리바바의 마윈 회장은 전자세계무역플랫폼
(e-WTP, Electronic World Trade Platform)을 구축해 세계 전자상거
래 시장(B2C, Business to Consumer, 개인 온라인 소비시장)과 세계
전자무역시장(B2B, Business to Business, 기업 온라인 무역시장)을 통
합한 거대 세계 교역시장(B2B2C) 장악을 시도하고 있다.[3] 이
는 세계 유통과 무역을 통째로 중국이 장악하겠다는 의도
다. 실로 무서운 시도가 아닌가? 정신을 바짝 차리지 않으면
한국을 포함한 전 세계의 모든 교역 정보가 중국의 손아귀
에 들어갈 수도 있다.

새로운 유통 혁명의 서막

　광군제는 새로운 유통 혁명을 예고한다. 즉, 광군제는 초
연결 혁명으로 나타난 새로운 유통 사업모델 중 하나에 불
과하다. 앞으로 4차 산업혁명, FTA 혁명, 기후환경 혁명 등
에 따라 새로운 유통 형태가 계속 나타날 전망이다. 당연히
유통 내용도 변화한다. 기존의 상품뿐 아니라 서비스, 콘텐
츠, 지식, 문화, 환경 상품, 가상현실 제품, 증강현실 제품,
혼합현실 제품, 공간 제품은 물론 이들을 상호 연결 및 융합
한 사업모델이 등장할 것이다.

　유통 방식 역시 진화한다. 우리는 이미 디지털이 안겨주
는 새로운 유통 방식 변화를 경험하고 있다. 그러나 다가올
유통 혁명에 비하면 지금의 변화는 시작에 불과하다.

　그러면 지금까지의 유통 형태 발전을 잠깐 살펴보고, 새
로운 유통 형태도 예상해보자.

　시간이 흐르면서 시대에 맞는 산업이 변화하듯 유통도 변
해왔다. 미국에서 슈퍼와 백화점이 일반화한 1970년대에
한국에서는 재래시장과 구멍가게가 유통의 주역이었다. 미
국에서 할인점이 대세를 이루던 1980년대에 한국은 그 10
년 전 미국에서 유행한 백화점, 슈퍼 등을 본격적으로 도입
했다. 미국에 인터넷을 기반으로 한 새로운 유통 형태가 등
장한 1990년대에 한국은 그 10년 전 미국의 모델인 할인점

과 신유통 형태를 도입했다.

유통의 시대적 변화

구분	1970년대	1980년대	1990년대	2000년대	2010년대	향후
미국	슈퍼, 백화점	할인점, 신 유통	홈쇼핑, 네트워크마케팅 등 신 유통 활성화	인터넷, 모바일 기반 최신 유통	P2P, APP, 플랫폼, M2C, O2O, 복합몰, 옴니채널 등	인공지능, 로봇, 3D, e-WTP
한국	구멍가게	슈퍼, 백화점	할인점, 신 유통 도입	홈쇼핑 등 신 유통 인터넷 + 모바일 기반 최신 유통	P2P, APP, 플랫폼, M2C, O2O, 복합몰, 옴니채널 등	인공지능, 로봇, 3D, e-WTP

그런데 10년 주기로 뒤늦게 미국의 유통 형태를 받아들이던 한국의 유통산업이 2000년대 들어 신유통 분야에서 미국의 유통과 동시화하는 이변이 일어났다. 이것은 인터넷과 방송 등 미디어의 발전 덕분이다. 구체적으로 말하자면 인터넷, 방송, 모바일 등을 활용한 쇼핑몰·오픈 마켓·홈쇼핑·모바일 쇼핑 등 다양한 신유통 채널과 더불어 직접판매 유통의 동시화가 이뤄졌다.

직접판매를 법적 구분과 달리 시장 측면에서 구분할 경우 네트워크 마케팅, 방문판매, 통신판매, 회원제 판매 등 그 종류가 매우 다양하다. 이러한 유통의 동시적 변화는 2010년대 들어 한·미 FTA가 발효되면서 더욱 가시화하고 있다.

특히 한·미 FTA로 다양한 서비스와 사업모델이 도입되면서 유통 형태 동시화는 물론, 오히려 한국에 먼저 등장하는 경우도 있으니 주목하기 바란다. 가령 패션, 제약, 의료, 전기전자, 통신 분야를 중심으로 제품 성능과 고객 반응을 알아보기 위해 까다롭고 민감한 한국 시장에서 먼저 시범 사업을 실시하는 이른바 테스트 베드(Test Bed) 유통이 활성화하고 있다. 그러면 한·미 간 구분 없이 동시에 나타나는 최근의 유통 형태 중 대표적인 것 몇 가지를 살펴보자.

첫째, P2P 유통이다. P2P(Peer to Peer)는 인터넷에서 중개자 없이 동영상이나 자료, 프로그램 등을 개인 간에 서로 주고받는 일대일 통신 시스템을 의미한다. 이와 달리 비즈니스에서는 개인 간에 직접 거래하는 사업모델을 뜻한다.

예를 들어 국내의 P2P 금융은 은행 같은 금융 회사를 거치지 않고 인터넷 사이트에서 개인 간에 직접적으로 이뤄지는 금융 거래를 말한다. 이 경우 중개 업체, 임대료, 인건비 등이 거의 투입되지 않아 소비자 입장에서는 저축은행·대부 업체 등에 비해 대출금리가 낮고 투자자 입장에서는 은행금리보다 높은 수익률을 기대할 수 있다는 점에서 상호 윈윈하는 모델이다. 최근 P2P는 공동으로 부동산에 투자해 수익을 창출하는 부동산 모델을 비롯해 아이돌 공연, 멕시칸 요리, 수공예 사업, 남성 수제화 사업, 캐릭터 라이선스 사업 등 다양한 사업에 뛰어들고 있다. 국제적으로 잘 알려진 우버(Uber, 자동차 공유 모델)와 에어비엔비(AirBnB, 빈방 공유 모델)도 넓은 의미에서 네트워크를 활용한 P2P 사업모델이다.[4]

둘째, APP(앱) 유통이다. 앱은 애플리케이션(Application)의 약자로 응용 소프트웨어를 말하며, 스마트폰에 다운로드받아 사용한다. 앱을 사용하면 인터넷 뱅킹을 비롯해 버스 · 지하철 노선의 차량 이동을 확인할 수 있으며, 영화와 연극도 그 자리에서 예약이 가능하다.

심지어 중국에서는 식당에서 음식을 앱으로 주문하고 그 자리에서 결제까지 미리 끝낸다고 한다. 식당 측은 인건비가 줄어들고 주문 착오가 없어서 좋고, 고객 측은 식성에 맞는 음식을 골라 싸게 식사할 수 있어서 급속히 확산 중이라고 한다.

셋째, 플랫폼(Platform) 유통이다. 가장 대표적인 사례가 디지털 콘텐츠 플랫폼으로 음악, 게임, 만화, 영화 등을 판매하는 플랫폼이 있다. 앞서 소개한 알리바바도 대표적인 글로벌 온라인 유통 플랫폼이다.

넷째, M2C 유통이다.[5] 이것은 제조자(Manufacturer)와 소비자(Consumer)의 약어로 무역업자, 유통업자, 소개업자, 중개업자 등 중간 매개자 없이 다른 나라 생산자와 소비자가 직접 만나는 국제 유통을 말한다. 요즘 인기 있는 직구매와 직판매를 떠올리면 이해하기가 쉽다.

이것은 대표적 무역국가인 한국에 새로운 수출 창구일 뿐 아니라, 앞으로 외국 소비자를 직접 만나야 하는 직접판매 분야의 입장에서는 획기적인 유통 방법이다. 특히 통합된 FTA 시장에서 외국 소비자를 만나기에 적합한 유통 방식이다.

다섯째, O2O 유통이다. O2O(Online to Offline)는 온라인이나 모바일에서 대금결제를 한 뒤 오프라인에서 실제 서비스와 물건을 받는 유통 형태를 말한다. 예를 들어 한국에서는 배달의민족과 요기요, 카카오택시, 직방, 야놀자 등 콜택시 · 대리운전 · 음식 배달업 · 숙박업 · 부동산중개업 등에서 활발히 진행되고 있다. 앞으로 이것은 퀵서비스, 뷰티산업, 가사도우미업 등 다양한 영역으로 확장될 것으로 보인다. O2O 서비스는 중국에서도 큰 인기를 끌고 있다. 예를 들어 그들은 스마트폰으로 바코드를 스캐닝해 음식이나이 · 미용 서비스를 구매한다. 또한 취업보육센터는 온라인에서 미리 강의를 듣고 강의실에 모여 공부하는, 즉 온라인과 오프라인을 아우르는 O2O 방식의 교육을 제공한다.

이 같은 신유통 형태는 전 세계적으로 동시에 확산되고 있다. 전 세계가 실시간으로 연결되는 초연결 시장을 통합하는 FTA 시대를 맞이해 세계 유통의 동시화 · 공조화는 앞으로 더욱 심화될 것으로 보인다.

최근에는 쇼핑, 영화감상, 식사, 운동 등의 다양한 활동을 한 곳에서 즐기는 몰링 문화가 확산되면서 전 세계적으로 복합몰이 늘어나고 있다. 또한 4차 산업혁명으로 사람과 사물 및 서비스가 연결되다 보니 새로운 유통 형태가 출현했는데 그 대표적인 사례가 옴니채널(Omni-channel)이다.

옴니채널은 기존의 O2O 유통과는 다른 유통 형태로 1단계에서는 소비자가 백화점, 마트, 편의점 같은 전통적인 오프라인 환경과 온라인·모바일을 통합한다. 그리고 2단계에서는 VR, AR 등 정보기술을 복합적으로 결합해 다양한 유통경로를 통합한 미래 유통의 대표적인 사례다.[6]

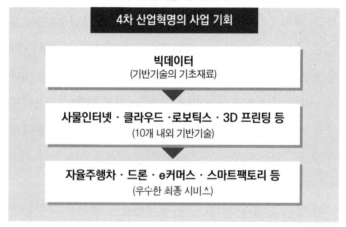

4차 산업혁명의 전개 구조

그렇다면 4차 산업혁명이 본격화하는 2020년대에는 과

연 어떤 신유통이 탄생할까? 확실히 예단하기는 어렵지만 현재 진행 중인 기술·시장 등의 큰 변화를 보면 예측이 가능하다. 예를 들어 4차 산업혁명과 관련해 기초 산업으로 부상 중인 빅데이터(Big Data) 기반의 사물인터넷(IoT), 인공지능(AI), 로봇(Robot), 기계학습(Deep Learning), 3차원 프린팅(3D Printing) 등을 활용한 유통 사례를 보면 미래 유통의 단면을 엿볼 수 있다.

미국의 세계적인 유통 업체 아마존이 시애틀에서 시범 운영하고 있는 대형마트 '아마존 고(Amazon Go)'에서는 소비자가 자유롭게 카트에 물건을 실은 뒤 계산대를 거치지 않고 마트를 빠져 나가면 자동으로 계산이 끝난다. 이는 사용자 중심의 마트를 구현하기 위해 컴퓨터 시각화와 인식 센서, 딥 러닝 등의 인공지능 기술을 적용한 새로운 유통 형태다.

국내에서도 신유통 서비스가 탄생하고 있다. 롯데는 IBM과 손잡고 롯데백화점 고객이 AI와 채팅하며 맞춤형 쇼핑 제안을 받는 서비스를 도입했다. 롯데백화점 분당점의 경우 소비자가 장바구니 없이 스캐너로 물건을 선택하면 집까지 자동으로 배송해주는 서비스를 선보였다. 최근 롯데그룹은 금융, 인공지능, 바이오 등을 결합한 손바닥 인증 정맥 결제 시스템을 활용해 무인 점포시대도 열었다. 현대백화점은 온라인 몰에 실제 매장을 360도로 살펴보고 구매할 수 있는 VR 스토어를 열었고, 이마트는 AR 게임을 선보였다.

또 다른 획기적인 유통 혁명도 등장할 전망이다. 알리바바의 마윈 회장이 주창하는 세계 전자상거래 종합 플랫폼인 e-WTP가 그 주인공이다. 인터넷 실크로드로 불리는 e-WTP는 세계적인 구매와 판매가 가능한 유통 플랫폼으로 전 세계 70억 명이 모바일과 인터넷에서 동시에 세계를 상대로 사고파는 역대 최대의 온라인 장터다. 한마디로 이것은 이제까지와 차원이 다른 세계를 하나로 묶는 유통 혁명이다.

이제 지구촌을 단일시장으로 통합하는 다양한 유통 혁명이 다가오고 있다. 그야말로 유통 빅뱅이다. 앞으로 국경과 국적은 무의미해지며 초국가 소비자인 메가슈머 규모가 폭발적으로 증가할 것이다. 광군제의 기적도 메가슈머의 작품이다.

신유통 혁명의 특징은 인간의 삶의 가치를 증진하고 소비자가 국경에 관계없이 가치소비를 하는 사용자 중심의 유통 형태라는 점이다. 이것은 사용자 중심으로 변화를 꾀하는 4차 산업혁명의 핵심 정신과 일맥상통한다. 따라서 소비자 가치를 최우선시하는 직접판매 업계도 대변혁 시대를 맞이해 미래의 유통 형태로 진화해야 한다. 이제 그럴 때가 되었다. 유통 혁명의 티핑 포인트가 다가오고 있다.

3. 트럼프도 추천한
직접판매 사업의 미래 모습

트럼프의 직접 판매 사랑

미국 대통령이 권하는 직접 판매 사업

미국 대통령 트럼프와
'부자아빠, 가난한 아빠' 저자
로버트 기요사키 공저 『부자』

직접 판매업체 회장 부인인 벳시 디보스의
미국 교육부 장관 취임 선서

"부자가 될 것인가? 계속 가난하게 살 것인가?
부자가 될 수 있는 마지막 기회를 잡아라!"
- 부자가 될 수 있는 직접판매 사업을 하라.-

- 미국 대통령 트럼프와 '부자아빠, 가난한 아빠' 저자 로버트 기요사키 공저 『부자』中

트럼프도 추천한 부자가 되는 사업

미국의 제45대 대통령 트럼프가 기업인 시절에 부자가 되려면 직접판매 사업을 하라고 추천한 사실을 알고 있는가?

미국 CBS에서 33년 동안 〈레이트 나이트 쇼(Late Night Show)〉를 진행한 전설적인 앵커 데이비드 레터먼(David Letterman)이 쇼에 출연한 부동산 부자 트럼프에게 질문을 했다.

레터먼 : 만약 당신이 부동산 사업을 하지 않았다면 무슨 일을 했을 것 같습니까?

트럼프 : 망설이지 않고 좋은 네트워크 마케팅 회사를 찾아서 사업을 했을 겁니다.

이 대답에 방청자들은 우-우-우~~~

트럼프 : 이보세요? 당신들이 그 자리에 앉아 있고, 내가 이 자리에서 당신들에게 말할 수 있는 건 바로 그 생각의 차이 때문입니다.

이것은 언론에 보도된 것으로 트럼프가 사업가적 기질을 발휘한 일화다.

또 이런 사례도 있다. 세계적인 백만장자이자 투자자인 로버트 기요사키와 부동산 업계 신화를 일군 기업가 트럼프는 공동저서에서 이렇게 외쳤다.

"부자가 될 것인가? 계속 가난하게 살 것인가? 부자가 될 수 있는 마지막 기회를 잡아라! 부자가 될 수 있는 직접판매 사업을 하라!"

트럼프는 대통령이 된 이후 미국의 모 직접판매 기업 회장의 아내를 교육부 장관에 앉혔다.

직접판매 사업의 비전

세계 최강대국 대통령은 사업가 시절에 왜 직접판매 사업을 칭송했을까? 여기에는 몇 가지 이유가 있다. 우선 트럼프의 공동저자 기요사키가 강조하는 직접판매의 여덟 가지 숨은 가치를 살펴보자.

직접판매의 숨은 가치

- 삶에 변화를 일으키는 교육 시스템이 있다.
- 직업을 바꾸는 것 이상의 의미가 있다.
- 적은 비용으로 사업을 구축할 수 있다.
- 부자들이 투자하는 대상에 투자할 수 있다.
- 꿈을 현실로 만들 수 있다.
- 네트워크의 진정한 힘을 활용한다.
- 마음에 품고 있는 가치가 현실을 결정한다.
- 리더십의 가치를 일깨워준다.

이러한 내용을 근거로 4차 산업혁명과 FTA 혁명이 진행 중인 현재 시점에서 직접판매 사업을 재해석해 보면 다음과 같다.

첫째, 초연결 사회에 부합하는 사업모델이다.

직접판매는 기본적으로 초연결 네트워크를 바탕으로 한 신유통이다. 이 초연결 네트워크가 FTA와 결합해 전 세계적인 비즈니스 인프라로 진화하다 보면 이를 기반으로 한 직접판매 사업도 향후 세계적인 유통으로 진화할 것이다. 요즘 인기 있는 직구매와 직판매가 대표적인 사례다.

둘째, 돈 없는 서민들도 글로벌 사업을 할 수 있다.

이것은 직접판매 사업의 본질적인 장점으로 네트워크를 활용해 적은 비용으로 세계적인 사업을 하므로 가난한 사람들에게는 하나의 희망의 빛이다. 최근 FTA 시장을 누비는 FTA 보부상 출현이 대표적인 사례다.

셋째, 창조적인 교육 시스템을 제공한다.

4차 산업혁명은 기술 혁명이자 인문학 소양이 필요한 정신 혁명이기도 하다. 일상적인 정보, 지식, 업무는 빅데이터 · 인공지능 · 로봇에 맡기고 인간은 보다 진화하거나 창조적인 일에 종사하기 때문이다. 예를 들어 숙련된 기자도 200자 원고지 다섯 매 정도의 기사를 쓰는 데 한 시간이 걸리지만, 인공지능 기자는 1~2초면 쓴다고 한다. 실제로〈LA

타임스〉의 지진 전문 로봇기자 '퀘이크봇'은 미국 캘리포니아 주에서 지진이 발생하자 3분 만에 속보를 띄워 '인간 기자'를 놀라게 했다고 한다.

심지어 스탠퍼드 대학의 노벨화학상 수상자 로저 콘버그 (Roger Kornberg)는 "4차 산업혁명 시대의 중심은 인간생물학이다"라고 말했다. 이는 인간이 4차 산업혁명의 주인공이라는 의미다. 결국 4차 산업혁명 시대에 인간은 기계에서 벗어나 창조적인 주체로서 평생학습을 해야 하는데, 직접판매는 인간 중심 교육에 부합하는 교육 시스템을 갖춘 사업인 것이다.

넷째, 꿈을 실현할 수 있는 사업이다. 세계를 상대로 적은 비용으로 큰 사업을 벌일 수 있는 직접판매 사업은 돈 없는 평범한 사람이나 젊은이들이 꿈을 실현하게 해주는 사업이다. 4차 산업혁명과 FTA 혁명 등을 잘 활용하면 개인도 세계적인 사업모델을 만들 수 있기 때문이다.

30대 초반에 세계적인 부자가 된 페이스북의 창업자 저커버그는 하버드 대학 중퇴생이다. 그는 공장 하나 없이 PC 한 대로 세계적인 사업을 일으켰다. 지금도 미국의 실리콘 밸리와 중국의 실리콘 밸리로 불리는 심천에서는 제2의 저커버그를 꿈꾸는 젊은이들이 천지개벽을 향해 구슬땀을 흘리고 있다.

그렇지만 누구나 큰 사업을 할 수 있는 것은 아니다. 주위 환경을 잘 활용하고 열정을 쏟아 꿈을 현실화하는 사람만 부자가 될 수 있다. 이제 4차 산업혁명, FTA 혁명 같은 초변혁 시대에 한국에서도 직접판매 분야에서 제2, 제3의 저커버그가 나오기를 기대해 본다.

이러한 내용을 종합해 보면 돈과 사업에서 동물적 감각을 자랑하는 트럼프가 직접판매 사업을 추천할 만하다는 생각이 들지 않는가? 이 모든 전망이 미국 대통령도 권하는 직접판매 사업의 비전이다.

MEGA

제2장

4차 산업혁명,
대한민국의 미래다

4차 산업혁명 시대 직접판매 사업 글루벌 지침서 **메가 마케팅**

marketing

초국가 시장,
초국가 소비자,
초국가 유통

메가 마케팅

1. 4차 산업혁명 시대,
   직접판매 산업의 생존 전략

최근의 4대 혁명

직접판매 분야가 국내의 좁은 시장을 벗어나 글로벌 산업으로 발전하려면 우선 직접판매 산업 자체의 시대적 필요성을 인식하고 글로벌 비전을 수립해서 추진해야 한다. 이를 위해 필요한 것이 4차 산업혁명 같은 시대 변화를 이해하고, 이것이 직접판매와 어떤 연관이 있는지 구체적으로 살펴보는 일이다. 그래야 직접판매 산업이 나라와 국민에게 필요한 산업이자 시대 변화에 적합한 산업이라는 것을 입증할 수 있다. 이것은 글로벌 산업으로 발전하는 동력으로 작용해 직접판매 기업들의 해외시장 진출에 큰 도움을 줄 것이다.

그러면 최근의 4대 혁명인 초연결 혁명(네트워크), 4차 산업혁명(기술), FTA 혁명(시장), 기후환경 혁명(환경)을 살펴보고 그것이 직접판매와 어떤 연관이 있으며 어떻게 대응해야 하는지 알아보자. 이들 혁명은 독립적으로 진행되는 것이 아니라 서로 융·복합해 시너지 효과를 내거나 가속도가 붙고 기존의 기술, 산업, 제품, 서비스 등과 연계된다. 나아가 새로운 산업과 사업모델을 창출하므로 종합적으로 파악해서 대응하는 자세가 필요하다.

특히 강조하고 싶은 것은 이들 혁명이 성숙 단계가 아니라 시작 단계라 이 책에서 논하는 사항도 시작에 불과하다는 점이다. 앞으로 무수한 변화와 반전, 진화가 일어날 것을 예상하며 4대 혁명을 알아보자. 우선 4대 혁명의 가장 기초 변화인 초연결 혁명부터 파악해보자. 기술 부문은 몹시 난해해 전문가가 아니면 이해하기가 어려우므로 가능한 한 피하고 시장 측면에서 살펴보기로 한다.

초연결 혁명과 직접판매의 연관성

초연결은 그 자체로 '네트워크'를 의미하며 여기에는 다음의 세 가지 특성이 있다.

우선 모든 것이 연결된다. 사람과 사람, 사물과 사물, 사람과 사물 같은 유형체뿐 아니라 데이터 · 정보 · 프로세스 · 지식 · 서비스 등의 무형체까지 연결된다.

그 다음으로 24시간 연결된다. 인터넷, SNS, 스마트폰 등 소통 플랫폼이 24시간 열려 있으므로 시간 제약 없이 365일 24시간 연결과 소통이 가능하다.

마지막으로 연결 효과가 즉각 전 세계로 확산된다. 기존의 TV, 라디오, 신문 등의 미디어는 국내나 특정 지역에 파급 효과가 나타나려면 대부분 시간이 걸리지만 초연결은 SNS 같은 뉴미디어로 즉시 전 세계인에게 동시에 정보를 퍼트린다. 싸이의 〈강남 스타일〉은 유튜브라는 SNS, 즉 초연결 네트워크에 특화해 전무후무한 성공을 거뒀다.

이 초연결 네트워크를 기반으로 다양한 환경과 생태계가 생성되면서 지금까지와 다른 차원의 새로운 사업모델이 탄생하고 있다. 좀 어렵지만 이 기회에 총정리한다는 생각으로 기초적인 모델을 살펴보자.

[초연결 네트워크 진화개념]

M2M, IoT, IoE의 포괄적 개념

만물인터넷 (IoE)

〈사람 - 사물 - 공간〉
클라우드
빅데이터
프로세스
커넥트 카
스마트 그리드
스마트공장
GPS, LBS, GIS 등

사물인터넷 (IoT)

모바일
센서 네트워크
RFID
콘텐츠
2차원 바코드
NFC 등

사물통신 (M2M)

물류
자판기
바코드(POS)
원격검침기
주차장
교통신호
CCTV 등

자료: 산업연구원

M2M(Machine to Machine): 사물지능통신, 기계 + 기계, 고속도로 하이패스 등

IoT(Internet of Things): 사물인터넷, 사람 + 사물 + 장소 + 공간

IoST(Internet of Small Thing): 소물인터넷, 저 용량 데이터에 특화된 사물인터넷, 한국의 아파트 음식물 쓰레기 처리장치, 독일 월드컵 우승 축구선수 훈련 방식 등

IoE(Internet of Everything): 만물인터넷, 사람 + 사물 + 장소 + 자료 + 데이터 + 프로세스

IoB(Internet of Biosignal): 생체인터넷: 몸에 착용 가능한 다양한 센서들이 생체정보들인 혈당, 심박동, 심전도, 땀, 혈압, 영양 등의 정보를 전달&건강을 실시간으로 확인하는 인터넷
*또 다른 IoB(Internet of Brain) : 두뇌 인터넷, 인공지능 AI, 알파고 (1,202개 슈퍼컴 연결)

NB-IoT(Narrow Band IoT) : 협대역 사물인터넷, 산업용 IoT 주파수 자원을 효율적으로 활용하기 위한 기술, 롱텀 에벌루션(LTE) 주파수 사용. 5G 시대 초연결 핵심기술, 원격 주차, 애완동물 운동, 수도 검침 등에 활용.

IIoT(Industrial Internet of Things) : 산업 사물 인터넷, 기업 영역에서의 사물 인터넷.

초연결 혁명의 가장 기초적이고 대표적인 모델은 M2M (Machine to Machine, 사물지능 통신)으로, 이것은 우리 주변에 있는 모든 기기가 상호 연동해 다른 기기와 통신함으로써 인간이 편리하게 생활하도록 지원하는 지능형 기술을 의미한다. 고속도로의 하이패스 통행료 자동 징수 장치가 대표적인 사례다.

M2M 모델에서 좀 더 진화한 형태가 IoT(Internet of Things, 사물인터넷)인데, IoT는 사람과 사물·기기·장소·공간 등을 인터넷으로 연결해 다양한 사업모델을 창출하는 중이다. IoT는 2020년 국내시장 규모만 22조 원에 이르고, 세계시장도 2017년 8,000억 달러(약 910조 원)에 달할 것으로 예상하고 있다. 더구나 불과 4년 후인 2021년에는 1조 4,000억 달러(약 1,590조 원)에 이를 것으로 전망하는 거대한 미래 유망산업(한국정보화진흥원, 2017. 6.)이다.

그 IoT 모델은 이제 IoE(Internet of Everything, 만물인터넷)로 진화하고 있다. IoE는 사람, 사물, 기기, 장소, 데이터, 정보, 지식, 프로세스, 서비스 등 모든 것이 연결되는 미래의 인터넷 사업모델이다. IoT와 IoE의 차이점은 IoT는 말 그대로 사람·기기·사물·공간 등 유형의 사물들만 연결하지만, IoE는 유형체뿐 아니라 데이터·정보·자료·지식·프로세스·서비스 등 무형체까지도 연결한다는 것이다.

이 외에 IoT와 IoE에서 파생된 초연결 사업모델로 IoST (Internet of Small Thing, 소물인터넷)가 있는데, 이것은 저용량 데이터에 특화된 사물인터넷으로 한국의 아파트 음식물 쓰레기 배출 장치가 대표적이다. 또한 앞의 〈표〉에 소개한 것처럼 IoB(생체인터넷 또는 두뇌인터넷), NB-IoT(협대역 사물인터넷), IIoT(산업사물인터넷) 등 다양한 사물인터넷 사업모델이 등장하고 있으나 이는 매우 복잡하므로 여기서는 설명을 생략한다.

이 같은 초연결 네트워크의 가장 기초적인 구성요소로 센서·IPv6·통신망 등이 있는데, 어려운 기술이지만 IoT 이해의 기초이므로 IPv6를 간략히 설명하겠다.[1] 사물들을 인터넷으로 연결하려면 각 사물이 정보를 접수하고 발신하도록 센서를 부착해야 하고, 각 사물에는 인터넷 주소가 필요하다. 그래야 사물들이 인터넷을 활용해 센서로 정보를 서로 교환할 수 있다. 그런데 현재 우리가 사용 중인 IPv4(인터넷 주소 체계 4단계)는 주소를 약 43억 개밖에 생성하지 못하는 까닭에 IT 산업이 발전하면서 인터넷 주소가 부족해졌다. 세계 인구 70억의 절반만 휴대전화를 사용해도 주소가 35억 개 이상 필요하다.

이에 따라 인터넷 전문가와 기관 등이 협의해 인터넷 주소를 거의 무한대로 생성할(43억 × 43억 × 43억 × 43억 개) 수 있는 IPv6 체계를 만들었다. 이로써 인터넷 주소를 거의 무한대로 확보해 기기나 사물에도 인터넷 주소를 할당할 수 있게 된 것이다.

IPv6로 진정한 의미의 사물인터넷이 가능해진 셈이다. 사실 초연결 혁명, 4차 산업혁명은 IPv6 체계를 기반으로 한 것이므로 이를 모르고 4차 산업혁명을 논하는 것은 공허한 말에 불과하다.

이 초연결 혁명은 직접판매 사업과 어떤 연관성이 있을까? 사실 초연결 혁명의 응용 분야는 통신, 전자상거래, 의료, 환경, 교통, 가전, 보안, 홈서비스 등 무궁무진하며 모두가 직접판매 분야의 사업이 될 수 있다.

예를 들어 현재 직접판매 업체들이 주요 사업모델로 삼는 가전 분야를 살펴보자. 지금은 주로 주방 제품, 헬스케어 제품, 홈 가전제품 등을 취급하고 있다. 그러나 향후 M2M·IoT·IoE 분야를 비롯해 IoST·NB-IoT 분야의 일상 생활용품과 안전 서비스, 에너지 절감 서비스, 건강 서비스 등도 좋은 사업모델이 될 수 있다. 이미 사물인터넷이 빌딩, 보안, 자동화, 홈, 환경, 가전, 의료 부문으로 급격히 확산되고 있어 매우 고무적이다. 특히 가전 분야는 협업을 기반으로 한 IoT 사업에 적극적이다. 아울러 자사의 모든 제품에 IoT 기술을 적용하겠다고 공언한 대형 가전 업체는 물론, 통신 업체도 다른 기업과 협력을 강화하는 한편 IoT 플랫폼 제공으로 시민 확대에 힘쓰고 있다.

4차 산업혁명과 직접판매의 연관성

2010년대 후반기 들어 4차 산업혁명이 급속히 진행 중이다.[2] 2016년 스위스 다보스에서 열린 세계경제포럼(WEF, World Economic Forum)에서는 '4차 산업혁명'이 화두였다. 클라우스 슈밥(Klaus Schwab) WEF 회장은 기술 발전의 전례 없는 속도, 범위, 구조적 충격이라는 세 가지 측면에서 3차 산업혁명과 4차 산업혁명이 구분된다고 말하며 이렇게 단언했다.

"미래 사회는 좌우라는 이념이 아니라 기술 변화를 수용하는 개방파와 이를 거부하는 폐쇄파로 갈릴 것이다."

4차 산업혁명이 본격화되면 인류가 이제까지 경험하지 못한 새로운 문명의 혜택을 누릴 전망이다. 예를 들면 의류일체형 웨어러블 기술로 일상에서 가상체험과 증강현실을 실현하고, 자율주행자동차로 사고 없이 안전하게 운행하는 무인 물류가 상용화된다. 또한 모든 전자제품이 연결되어 자율 제어가 가능해지면서 주부들이 가사노동에서 벗어난다.

이에 따라 주요 국가에서 2020년까지 510만 개의 일자리가 사라질 것으로 보인다. 세계경제포럼은 보고서 〈직업의 미래〉에서 인공지능과 로봇의 발달로 2020년까지 미국, 유럽, 중국, 일본 등 15개국에서 신규 일자리는 200만 개에 불과한 반면 사라지는 일자리는 710만 개에 이를 것이라고 비관적으로 전망했다.

그렇다면 4차 산업혁명과 직접판매는 어떤 연관성이 있을까? 직·간접적으로 다양한 연관성이 있겠지만 여기서는 직접판매 유통과 직접적으로 연관이 있는 중요한 몇 가지 흐름만 짚어보겠다.

● **온 디맨드 경제(On Demand Economy, 적시수요 경제)가 활성화된다.**

모바일과 네트워크로 모두가 연결되는 상황이라 작은 수요도 언제 어디서든 충족시키는 적시수요 경제가 부상할 것으로 보인다. 한국뿐 아니라 세계적으로도 1인 가정 증가로 혼밥, 혼술을 즐기는 혼족이 늘어나면서 적시수요 경제가 더욱 활성화될 것으로 예상된다. 따라서 생활밀착형 유통산업인 직접판매 분야는 이 적시수요 분야에 파고들어야 한다. 작은 수요라도 소비자의 욕구에 즉각 대응할 수 있도록 새로운 상품, 서비스, 사업모델을 발굴할 필요가 있다.

● **공유경제(Sharing Economy)가 활성화된다.**

공유경제란 수요와 공급을 연결하는 플랫폼 발달로 우버나 에어비엔비처럼 재화, 공간, 경험, 재능을 다수의 개인이 협업으로 다른 사람과 나눠 쓰는 개방형 온라인 사업모델을 말한다. 미국의 미래학자 제레미 리프킨(Jeremy Rifkin)은 이렇게 예언했다.

"모든 사물에 지능과 소통 능력을 부여하는 사물인터넷으로 지구촌이 하나로 연결돼 마치 하나의 거대한 두뇌처럼 움직이게 된다. 그 중심에는 스마트폰이 있는데 곧 세계 30억 명이 스마트폰으로 하나로 연결돼 새로운 사업기회를 창출할 것이다."

그는 그 대표적인 사업모델로 전 세계를 상대로 네트워크 비즈니스를 하는 차량 공유 서비스 우버와 숙박 서비스 에어비앤비를 들었다. 차량이나 집이 없는 개인이 네트워크를 활용해 전 세계를 상대로 사업을 하는 시대가 열린 것이다.

돈 한 푼 없이 기존의 넘쳐나는 차량과 지천으로 널려 있는 빈방을 네트워크로 연결하는 사업을 전 세계적으로 전개해 억만장자가 되다니, 이게 말이 되는 일인가! 하지만 이것은 사실이다. 기가 찰 노릇이지만 이건 꿈이 아니다. 우리는 지금 새로운 세상을 보고 있다.

사실 우리 주위를 공유경제 개념으로 바라보면 무수한 사업거리가 있다. 가령 미국 내에는 무려 8,000만 개의 전동드릴이 있다고 한다. 연평균 전동드릴 사용 시간은 불과 13분에 불과한데 모든 사람이 굳이 전동드릴을 소유할 필요가 있을까? 한국에는 이와 유사한 사항이 없을까? 공유경제는 바로 이런 시각에서 출발한다.

공유경제 활성화는 소비자와 직접 만나는 직접판매 업계

에 시사하는 바가 크다. 소비자에게 꼭 필요하면서도 굳이 소유할 필요는 없는, 즉 사용빈도가 낮은 제품 및 서비스를 찾아 렌털·리스·공유·카풀을 연구하는 것도 바람직하다.

● 긱 경제(Gig Economy)가 뜬다.

긱은 원래 소규모 음악 밴드를 일컫는 말이지만, 지금은 필요에 따라 이합 집산하는 프리랜서라는 의미로 쓰인다. 필요에 따라 사람을 상호 공유하는 경제가 바로 긱 이코노미다. 미래 사회는 조직에 속한 직업이 아니라 개인의 역량에 기초한 업(業)을 중심으로 발전할 것이라고 한다. 미국에서는 2020년이면 직업의 43퍼센트가 프리랜서 경제에 속할 것으로 예측하고 있다. 개인 사업자인 직접판매 사업자들도 결국 프리랜서가 아닌가? 곧 이들의 세상이 온다는 말이다.

● 슈퍼스타(Super Star) 경제학이 부상한다.

에릭 브린욜프슨(Erik Brynjolfsson)은 《제2의 기계 시대》에서 4차 산업혁명으로 인공지능·자동화·로봇 등이 인간의 기능을 대신함으로써 일부 고소득자 소득이 하락하는 반면, 특정 기능 보유자의 소득이 크게 증가해 슈퍼스타 경제학이 부상할 것으로 전망했다. 이는 보편적 기술과 지식은 로봇이 대신하고 특수 분야의 지식, 기술, 재능을 보유한 사람이 부자가 된다는 신호다. 앞으로 누구든 킬러 콘텐츠, 킬러 사업모델을 갖고 있는 사람이 부자가 될 것이다.

● **문샷(Moonshot) 비즈니스가 주목을 받는다.**

문샷 개념은 달을 잘 보려고 망원경 기능을 높이는 것이
아니라 아예 달에 직접 가보는 것을 의미한다. 즉, 인간의
달 착륙을 이끈 아폴로 계획처럼 10퍼센트 개선이 아니라
100배 혁신으로 미지의 분야를 개척하는 비즈니스 혁신을
뜻하는 말이다. 문샷보다 더 혁신적인 것이 선샷(Sunshot) 개
념인데 이는 아예 상상을 초월하는 혁신을 말한다.

● **4차 산업혁명 분야에서 조만장자가 나온다.**

미국의 미래학자 토머스 프레이(Thomas Frey) 다빈치연구
소 소장은 억만장자를 넘어 곧 조만장자(Trillionaire)의 탄생
을 예고하고 있다. 과연 어떤 미래 산업이 그 꿈에 도전할
까? 그는 조만장자를 탄생시킬 후보 산업으로 비트코인처
럼 네트워크로 암호화한 화폐, 사물인터넷 산업, 노화 치료,
드론 서비스, 인공지능, 에너지 저장 등 18개 산업을 들었
다. 이것은 대부분 4차 산업혁명 분야로 많은 것이 초연결
네트워크를 활용하며, IoT 산업도 당당히 조만장자 배출 산
업에 포함되었다.

이러한 상황을 종합해보면 기본적으로 생산자와 소비자
를 네트워크로 연결하는 직접판매 분야는 모든 것이 네트워
크로 연결되는 4차 산업혁명 시대에 부상할 산업임이 확실
하다. 더구나 새로운 산업에서 조만장자가 나올 전망이라니

충분히 기대해볼 만하지 않은가.

FTA 혁명과 직접판매의 연관성

FTA 혁명 역시 가속화하고 있다. FTA라는 글로벌 시장 현상을 이해하려면 먼저 FTA의 본질을 알아야 한다. FTA는 공급 과잉으로 세계 경제에서 치열하게 경쟁하는 각국이 살아남기 위해 서로 이해관계가 맞는 국가 간에 상호 거래장벽을 허물고 시장을 통합하는 일종의 글로벌 교역 네트워크이자 생존 전략이다. 따라서 FTA 네트워크 밖에 위치하는 국가는 상대적으로 불이익을 받을 수밖에 없다.

그러다 보니 전 세계 국가가 경쟁적으로 FTA를 체결하면서 2016년 6월 기준으로 424개의 FTA가 발효되었고, 논의 중인 것을 포함하면 700여 개의 FTA가 지구촌을 거미줄처럼 촘촘히 둘러싸고 있다. 마치 페이스북 같은 SNS 망이 지구를 둘러싸고 있는 것처럼 말이다.

실제로 FTA도 초연결 네트워크의 일환이다. FTA 교역이 전 세계 무역의 60퍼센트 이상을 차지하면서 이것은 세계 무역의 주류로 부상했고, 통합된 FTA 시장 내에서 여러 나라 기업이 동일한 조건 아래 경쟁하는 초경쟁이 벌어지고 있다. 적어도 경제적인 면에서는 국경이 사라진 셈이다.

한국 역시 수출 시장을 확보하기 위해 FTA 경쟁에 뛰어들었고, 2017년 6월 현재 16개 FTA(57개국)를 체결했다. 2020년까지는 이것이 약 30개로 늘어나 100여 개 국가와 FTA를 체결할 것으로 보인다. 이제 한국은 FTA 없이는 생존이 불가능한 국가가 되었다.

그럼 FTA와 직접판매는 어떤 연관성이 있는 것일까? 이해하기 쉽도록 화장품 분야를 중심으로 그 내용을 살펴보자.

● 상품 분야

예를 들어 FTA 체결국가 간에 화장품 자체는 물론 원료, 용기, 케이스, 부속품, 상표 등을 거래하려면 FTA 협정문상의 인허가·인증·평가·품질기준 등 시장진입 조건을 준수해야 한다. 기술 조건, 특허 조건, 원산지 조건, 물류 조건 등도 마찬가지다.

● 뷰티 서비스

FTA 협정문마다 서비스 개방 항목이 있으므로 FTA 체결국가에서 뷰티 서비스를 하려면 반드시 FTA 협정문상의 해당 조항을 준수해야 한다. 가령 서비스 개방 조건에는 내국민 대우, 시상접근성 보장, 최혜국 대우, 현지 주재 의무 부과 금지 등 다양한 의무사항이 있는데 이를 필수적으로 준수해야 한다.

● 나고야 의정서

나고야 의정서는 유전자원으로 등록된 화장품·건강보
조식품 등의 원료를 수입해 사용할 때, 자원 보유국가 정
부의 허락을 받는 것은 물론 수익의 일부를 해당국가와 나
누는 강제이행 협정이다. 그런데 이 나고야 의정서가 한·
중 FTA, 한·에콰도르 SECA(Strategic Economic Cooperation
Agreement, 전략적 경제협력협정) 같은 협정문상의 지적재산권 항
목에 들어갔으므로 이를 어기면 범죄행위에 해당한다. 해당
업종 기업은 이를 철저히 준비해야 한다.

● 현지 법인 설립 및 지사 설치

이 경우에는 반드시 세무, 회계, 법률, 금융, 통신 등의
FTA 조항을 준수해야 한다. 특히 부동산 조항에 유의해야
한다.

● 사람의 이동

최근의 FTA에는 대부분 노무 조항이 들어가는데 FTA 체
결국가에 사람을 파견할 경우, 반드시 FTA 협정문상의 노무
조항을 준수해야 한다. 더구나 직접판매 분야는 사람을 직
접 대면하는 사업이므로 FTA 체결국가에 진출 시 FTA 협정
문의 노무조항, 자연인 이동 조항에 주의해야 한다.

● 초국가 진출 전략

다자 간 FTA 시장에서는 초국가 진출 전략을 추진해야 한다. 가령 35억 시장인 RCEP이 발효될 경우, 개별국가가 아닌 참여 국가 전체 차원에서 시장진입, 사업자 접촉, 교육실시, 상품판매, 서비스 제공, 소비자 보호, 사업자 관리, 시스템 지원 등이 이뤄져야 한다. 또한 한국과 다른 언어, 사업문화, 후원수당 지급률, 시스템 환경, 사업자 관리 등을 잘 연구해야 한다.

이같이 직접판매 분야와 FTA는 떼려야 뗄 수 없는 찰떡궁합이다. 이제 직접판매 분야에서 FTA를 학습하는 것은 필요충분조건이다.

기후환경 혁명과 직접판매의 연관성

기후환경 혁명은 4대 혁명 중 가장 최근에 전 세계가 참여해 반강제적으로 추진하는 범지구적 혁명이다. 2015년 12월 12일 전 세계가 유엔의 주도 아래 지구온난화를 막고자 파리에서 기후변화 협정을 체결한 것이다. '파리협정'으로 불리는 이 협정에 195개국이 사인함으로써 앞으로 세계는 물론 한국도 이 협정을 준수해야 한다. 현재 미국이 탈퇴하는 바람에 그 운명이 어찌 될지는 모르지만, 대세는 어쩔

수 없이 유지될 전망이다.

그러면 파리협정이 무엇이고 이것이 직접판매 분야와 어떤 연관성이 있는지 환경부 자료를 토대로 알아보자.

환경부 자료에 따르면 파리협정은 지구온난화를 방지하기 위해 전 세계가 온실가스 배출을 자제하고, 지구환경을 지키고자 다양한 사항에 합의를 본 기후환경 협정이다. 이 협정은 참여국 모두가 지켜야 하는 구속력 있는 합의로 반강제적이기 때문에 후진국도 지켜야 한다. 역으로 생각하면 이것은 우리에게 사업기회이기도 하다. 파리협정에 참여한 많은 개발도상국과 후진국도 협정을 준수해야 한다는 것은 환경 선진국인 한국에 큰 기회다. 한 · 중 FTA에서 중국이 한국에 환경 분야를 모두 개방한 이유가 여기에 있다.

그럼 기후환경 변화는 직접판매와 어떤 연관성이 있을까?

● 에너지 절감

지구온난화의 주범인 이산화탄소 배출을 축소하려면 태양광 · 풍력 등 청정에너지를 더 개발하고, 기존 에너지 시스템도 에너지 절감 시스템으로 전환해야 한다. 직접판매 분야도 신재생에너지 분야, 가정 에너지 절약 분야, 탄소배출권 등을 사업모델로 도입할 필요가 있다. 최근 일부 직접판매 업체가 신재생에너지를 도입해 IoT 활용 에너지 절감 사업을 시작한 것은 매우 고무적인 일이다.

● 탄소 발자국

앞으로 모든 상품과 운송수단 등은 이산화탄소 배출을 규제받을 전망이다. 예를 들면 과자 한 통을 생산하는 데 이산화탄소를 얼마나 배출했는지 포장지에 표기하고, 비행기가 어느 공항에 착륙하려면 그 국가가 규제하는 이산화탄소 배출량을 지켜야 착륙을 허가받는다. 직접판매 업체가 취급하는 상품에도 반드시 탄소발자국을 기재해야 할 것이므로 미리 대비해야 한다.

● 트레이드 드레스(Trade-Dress)

트레이드 드레스, 즉 무역의 옷이란 상품포장·용기·표기·디자인·라벨링·대상 고객 주의사항 등 수출입 상품의 외부를 규정하는 규범을 말한다. 향후 지구환경 보호를 위한 내용을 의무적으로 기재할 전망이므로 이에 대비해야 한다.

● 환경보호

FTA 협정문에도 다수 포함되어 있듯 앞으로 에너지, 기후변화, 환경물질, 농·식품 보호, 자연환경 보호, 소비자 보호 등 다양한 환경보호 조치를 강화할 예정이다. 직접판매 분야도 상품과 서비스, 사업모델 선정 시 환경보호에 대비해야 한다.

● e-Waste 처리

e-웨이스트(e-Waste)는 전자폐기물로 휴대전화, 컴퓨터, TV, 냉장고 등에서 발생하는 쓰레기를 말한다. 이것은 납, 수은, 코발트 등 중금속을 함유하고 있어서 환경오염을 유발하고 인체에 해를 끼치는 까닭에 지구촌 전체 문제로 떠오르고 있다.

예를 들어 UN 자료에 따르면 인도의 전자폐기물은 2007년부터 13년 동안 약 다섯 배 증가했는데, 그 양이 향후 중국을 뛰어넘을 것이라고 한다. 2013년 기준 전 세계적으로 5,400만 톤에 달한 전자폐기물은 IT 산업 발전으로 급속히 증가하고 있다. 문제는 선진국이 가난한 나라인 아프리카, 아시아에는 불법적으로 e-웨이스트를 수출하고 정작 자국에는 그 발생을 억제한다는 데 있다. 나아가 특수한 e-웨이스트는 자국에 수출한 측에 사용 후 회수를 의무화해 비용 부담을 떠안긴다.

이를 고려해 가전제품 등을 취급하는 직접판매 업체는 매우 조심해야 한다. 자칫하면 배보다 배꼽이 더 커질 수 있기 때문이다.

● 나고야 의정서

앞에서도 지적했듯 나고야 의정서는 FTA뿐 아니라 환경 분야에서도 시급한 발등의 불이다. 이 문제는 추후 더 살펴보기로 한다.

지금까지 4차 산업혁명을 비롯해 최근의 다양한 트렌드를 놓고 직접판매 분야와의 연관성, 대응 방안, 생존 전략을 알아보았다. 이 외에도 4대 혁명과 직접판매 분야의 연관성은 매우 많지만 복잡하고 전문적인 사항이라 생략하기로 한다.

　다만 이 책의 주요 논의 대상인 글로벌 시장 연관성, 즉 직접판매 업계의 FTA 연관성과 이를 활용하는 방안은 계속 살펴보기로 한다. 이제 FTA 교역 비중이 전 세계 무역시장의 60퍼센트를 넘어선 상황이라 수출입, 시장개척, 해외투자, 아웃소싱, 글로벌 전략, 해외 네트워크 구축 등 모든 해외 전략이 FTA 없이는 거의 불가능하기 때문이다.

2. 새로운 수출 기법,
   해외 역직구와 직접판매의
   환상적인 결합

IBO 양성으로 글로벌 일자리 창출

사실 직접판매 사업의 핵심은 똑똑한 소비자들이 유통 사업에 참여하는 데 있다. 굳이 물건을 팔지 않고 소비만 해도 소득이 생기니 말이다. 소비자로서 소비 패턴만 바꿔도 소득기회가 생기고, 그 정보를 주위 사람이나 지인에게 제공하면서 사업이 이뤄진다. 즉, 프로슈머 마케팅을 수행함으로써 수익을 창출한다. 이러한 프로슈머 기능이 합법적인 직접판매와 불법 다단계에 근본적인 차이가 생기는 핵심 지점이다.

현명한 소비자는 프로슈머 활동으로 유통업자들이 가져가던 이익을 자기 자신, 지인 소비자와 분배하는데 그 사회적 의미는 매우 크다. 여기에는 유통 단계에서 일어나는 부가가치를 사회적으로 재분배하는 효과가 있다. 이는 우리 사회의 양극화를 해소하고 사회정의를 위해서도 필요한 역할이다.

직접판매 사업자는 IBO로 불리며 고용된 것이 아니라 독립적인 사업가들이다. 한마디로 IBO는 1인 기업가, 즉 사장이다. 따라서 IBO는 방문판매 등에 관한 법률, 공제규정 및 공제금 지급규정을 준수해야 하는 것은 물론 관련법에 의거해 관계 기관에 등록해야 한다.

합법적인 1인 기업가인 IBO들이 글로벌 경쟁력을 키워 국제시장에 진출하면, 수출 증대와 함께 해외에서 많은 일자리를 창출할 수 있다.

직접판매 유통의 4대 진화 방향

세상이 변화하면서 앞으로 직접판매 분야에도 네 가지 측면에서 긍정적인 변화가 일어날 것으로 보인다. 직접판매 업계가 시대적 변화와 시장의 흐름을 따라잡고 글로벌 기준에 맞춰 현명하게 대처하려면, 직접판매 유통의 변화를 예측해 보아야 한다.

첫째, FTA가 직접판매에 대한 인식을 바꾼다.

FTA가 확대됨에 따라 직접판매 산업에 관한 인식, 규제, 정책 등은 변할 수밖에 없다. 우리와 FTA를 체결해 시장을 통합하는 많은 선진국에서 신유통 업종인 직접판매의 새로운 인식과 기준을 도입할 것이기 때문이다. 국제 기준과 맞지 않는 한국적인 갈라파고스 규제가 사라지는 것은 당연하다. 또 FTA나 TISA 등에서 직접판매에 관한 국제표준을 논의할 수도 있다. 아직은 확답하기 곤란하지만 직접판매 유통의 국제표준이 정해진다면 각종 규제에 따른 한국 직접판매 업계의 숙원도 해소되지 않을까 싶다.

둘째, FTA 플랫폼 산업으로 진화한다.

현재 직접판매 업계의 사업 형태는 대부분 초기 단계의 국내 지향형 O2O다. 일부 외국계 업체는 보다 진전된 글로벌 사업을 하고 있다. 그러나 FTA가 확산되면서 국경이 무의미해지고 국내시장 자체가 글로벌 시장으로 편입되고 있다. 즉, FTA 시장 내에서는 수출입 개념이 아니라 내수 확장으로 보아야 한다. 싫어도 글로벌화에 대비해야 하는 이유가 여기에 있다.

FTA로 확대된 시장에서는 IBO가 국적에 관계없이 사업을 추진할 것이므로 이들을 지원하려면 직접판매 사업의 글로벌 플랫폼화가 필수적이다. 여기에다 인허가, 법률, 세무, 회계, 금융, 물류, 노무, 전자상거래 등 FTA 협정에 포함된 여러 조건을 구비한 FTA 플랫폼으로 진화해야 한다.

셋째, 취급 상품이 다양화된다.

현재 직접판매 업계가 취급하는 주요 사업 대상은 크게 상품과 서비스로 나눌 수 있다. 구체적으로 화장품·건강 기능식품·생활용품·의류·주방기구·가전 등의 상품을 취급하는 물적 유통이 있고, 기존 통신 3사의 이동통신 상품을 판매하는 통신 서비스와 MVNO(Mobile Virtual Network Operator: 이동통신 3사의 통신망을 도매로 임차해 저렴한 요금으로 제공하는 이동통신 서비스) 서비스 등이 혼재되어 있다. 여기에다 보험 등 금융 서비스와 교육, 항공 사업을 직판하는 경우도 있다.

앞으로 초연결, 4차 산업혁명, FTA, 기후환경 등 새로운 환경 변화에 따라 신상품이 추가될 것이다. 직접판매는 이미 스마트 미터(Smart Meter: 원격 전력 검침 및 관리 장치), 스마트 체어(Smart Chair), 가스밸브, 비데, Home CCTV, Door Lock 등 IoT 관련 제품을 취급하고 있다. 그리고 직접판매 사업자들은 FTA 시장에 진출하기 위해 FTA를 공부하고 있다. 머지않아 엔터테인먼트, 에너지, 탄소배출권, 스마트 시티, 스마트 팜, FTA 서비스, 복합물류 서비스, 해양 서비스, 환경 서비스, 관광 서비스 등 다양한 신상품과 신서비스를 도입하는 등 사업 내용도 획기적으로 변화할 전망이다. 정리하면 기존 상품 및 서비스와 더불어 콘텐츠, 정보, 네트워크, 융합 상품, 융합 서비스, 융합 사업모델, 가상 제품 등 새로운 개념의 상품과 서비스를 취급할 것으로 보인다.

넷째, 사업 방식이 바뀐다.

직접판매 분야는 앞서 살펴본 P2P, APP, M2C, 플랫폼, O2O, 복합몰, 옴니채널 등의 유통 형태와 함께 향후 출현할 것으로 보이는 e-WTP를 도입해 사업 방식이 획기적으로 바뀔 가능성이 크다.

특히 글로벌 시장 진출에서 많은 변화가 예상된다. 글로벌 생산자와 소비자가 직접 만나는 직구매·직판매 등 M2C형 O2O 거래는 글로벌 소비자들을 만나는 저렴하고도 간단하며 안성맞춤인 거래 형태다. 역직구매, 즉 직판매와 직접판매 산업의 결합은 신수출 기법으로써 환상적인 시너지 효과를 낼 것이다. 이를 잘 활용하는 사업모델을 개발하면 수천만 명의 IBO화도 가능하다. 다시 말해 탁월한 사업모델을 개발할 경우, 한 사람의 IBO가 플랫폼으로 수백만 명의 글로벌 파트너를 지원해 큰 성공을 거둘 수도 있다.

또 FTA 플랫폼을 활용한 직접판매 IBO들의 거래도 옥션 같은 C2C 형태로 진화함으로써 향후 각광받을 전망이다. 이 같은 변화는 최근 글로벌 거래가 B2B에서 점차 C2C로 전환하는 거대한 글로벌 거래의 변화와 궤를 같이한다. 한마디로 국제 교역이 기업 간 거래에서 개인 간 거래로 전환되고 있다. 이는 기본적으로 개인 사업자인 IBO에게 커다란 기회다.

식섭판매 회사가 이러한 변화를 기회로 활용해 글로벌 시장에서 성공하려면 어떻게 해야 할까? 무엇보다 다음에 제시하는 몇 가지 노력을 기울여야 한다.

● **FTA를 알아야 한다.** 글로벌 시장 자체가 FTA로 전환되므로 직접판매 회사는 물론 IBO도 FTA를 공부해야 한다.

● **국제표준 논의에 대비한다.** 향후 FTA, TISA에서 유통과 서비스 등의 국제표준을 합의할 가능성이 크다.

● **글로벌 시장에 맞춰 혁신한다.** 국내 직접판매 업체는 현재와 같은 마인드, 조직, 사업 품목, 사업 방식으로는 아무리 사업 환경이 개선되어도 해외시장에서 성공하기에 역부족이다. 그만큼 혁신과 변화가 필요하다.

시장 변화에 발맞춰 변화하려는 노력을 지속하다 보면 직접판매 기업도 다른 산업처럼 수출산업으로서 정부의 지원을 받으며 선진국의 거대 업체와 국제시장에서 경쟁할 날이 올 것이라고 확신한다.

3. 미세먼지,
4차 산업혁명으로 해결 추진

미세먼지란 무엇인가?

서울이 세계에서 두 번째로 대기오염이 심한 것으로 밝혀졌다. 수도 서울이 미세먼지와 오염으로 유명한 중국의 북경보다 더 오염이 심하다는 보도다. 도대체 서울에 무슨 일이 있었던 것일까? 다음의 두 언론 보도를 보자.

"수도권에 초미세먼지와 미세먼지가 매우 짙게 깔린 21일 오전 서울의 공기 질이 세계 주요 도시 중 두 번째로 나빴던 것으로 나타났다.

세계 곳곳의 대기오염 실태를 모니터하는 다국적 커뮤니티 '에어비주얼'(AirVisual)에 따르면 이날 오전 7시(한국 시간) 기준 서울의 공기품질지수(AQI, Air Quality Index)는 179로, 인도 뉴델리(187)에 이어 세계 주요 도시 중 두 번째로 대기오염이 심했다. 같은 시각 인천(139)도 공기품질지수 순위에서 세계 8위를 차지할 정도로 숨 막히는

대기 상태를 보였다. 또 인도 콜카타(170)와 파키스탄 라호르(170)가
공동 3위, 중국 청두(169)와 베이징(160)이 5~6위, 코소보 프리스티
나(157)가 7위를 기록했다.

- 2017년 3월 21일 연합뉴스

"문재인 대통령은 미세먼지 감축을 위한 응급 대책으로 가동 30년
이상 된 노후 석탄 화력발전소에 대해 내달부터 가동을 일시 중단하라
고 지시했다. 전국 발전소에서 나오는 초미세 먼지는 우리나라 전체
배출량의 14%, 수도권의 경우 39%를 차지하는 '미세먼지 주범'으로
꼽히고 있다. 정부는 이에 따라 우선 30년 이상 된 화력발전소 8기를
대상으로 6월 한 달 간 일시적으로 가동을 중단한다. 내년부터는 미세
먼지 발생이 많은 봄(3~6월) 4개월씩 이들 노후 발전소 가동 중단을
정례화하기로 했다. 현재 석탄발전소는 전국에 총 59기가 운영 중이
며, 이 중 30년 이상 노후 발전소는 10기다. … 문 대통령의 대선 공약
에 따라 이 노후 발전소 10기는 문 대통령 임기 내 모두 차례로 폐쇄하
고, 폐쇄 시기도 최대한 앞당길 방침이다."

- 2017년 5월 15일 조선닷컴

요즘에는 북한의 핵미사일이나 일자리, 경제보다 미세먼
지가 더 관심을 받는 것 같다. 모든 사람이 미세먼지를 입에
올리지만 정작 일반 국민은 미세먼지가 무언지 잘 모른다.
그저 황사 같은 작은 먼지일 것이라고 생각할 뿐이다.

이참에 환경부 자료를 참고로 미세먼지를 공부해보자. 미세먼지는 우리 자신은 물론 아이들의 건강 및 생명과 직결된 문제라 확실히 알아야 한다.

미세먼지의 크기에 따른 분류

● PM$_{2.5}$
연소입자, 유기화합물, 금속 등
2.5㎛ 입자지름

사람 머리카락
50㎛~70㎛ 지름

● PM$_{10}$
먼지, 꽃가루, 곰팡이 등
10㎛ 입자지름

해변의 고운 모래
90㎛ 입자지름

미세먼지란 공기 중에 떠 있는 해로운 작은 입자를 말하는데 그 크기에 따라 다시 세분한다. 먼지는 입자의 크기에 따라 50㎛(마이크로미터) 이하인 총먼지(TSP, Total Suspended Particles)와 입자 크기가 매우 작은 미세먼지(PM, Particulate Matter)로 나뉜다.[3] 미세먼지는 다시 지름이 10㎛보다 작은 미세먼지(PM10)와 지름이 2.5㎛보다 작은 초미세먼지(PM2.5)로 구분한다. PM10은 사람 머리카락 지름(50~70㎛)의

1/5 ~ 1/7 크기고, PM2.5는 머리카락의 1/20~1/30에 불과할 정도로 매우 작다.

이처럼 눈에 보이지 않을 만큼 작은 미세먼지는 대기 중에 머물다가 호흡기를 거쳐 우리 몸에 들어와 건강에 나쁜 영향을 미친다.

미세먼지의 유해성

왜 미세먼지는 해로울까? 그것은 미세먼지를 이루는 성분만 봐도 알 수 있다. 발생한 지역, 계절, 기상조건 등에 따라 달라지긴 하지만 일반적으로 미세먼지는 대기오염 물질이 공기 중에서 반응해 형성된 덩어리(황산염, 질산염 등), 석탄·석유 등 화석연료를 태우는 과정에서 발생하는 탄소류와 검댕, 지표면 흙먼지 등에서 생기는 광물 등으로 구성된다. 그러므로 미세먼지는 가급적 피하는 것이 좋고, 더 좋은 것은 미세먼지가 발생하지 않게 하는 일이다.

먼지는 대부분 코털이나 기관시 점막 등에서 걸러낸다. 반면 미세먼지는 입자가 매우 작아 코, 구강, 기관지가 걸러내지 못하기 때문에 몸속까지 스며든다. 그 작은 입자는 당연히 기관지에서 다른 인체기관으로 이동한다.

미세먼지가 몸속에 들어오면 면역 담당 세포가 먼지를 제거해 우리 몸을 지키도록 작용하는데, 이때 부작용인 염증 반응이 나타난다. 기도, 폐, 심혈관, 뇌 등 우리 몸의 각 기관에서 염증반응이 생기면 호흡기·천식·심혈관계 질환 등을 초래한다. 한마디로 미세먼지와 우리 몸이 전쟁을 벌인다. 만약 몸이 허약하면 미세먼지에 져서 고스란히 해를 당하고 만다. 미세먼지의 영향을 더 많이 받을 가능성이 큰 노인, 유아, 임신부, 심장 및 순환기 질환자가 각별히 주의해야 하는 이유가 여기에 있다. 특히 호흡기질환, 심혈관질환, 천식환자에게 치명적이다.

세계보건기구(WHO)는 2014년 한 해에만 전 세계에서 미세먼지로 기대수명보다 일찍 사망한 사람이 700만 명에 이른다고 발표했다. 그리고 세계보건기구 산하 국제암연구소(IARC)는 2013년 10월 미세먼지를 1군 발암물질로 분류했다.

미세먼지는 농작물에도 막심한 피해를 준다. 특히 이산화황(SO_2)나 이산화질소(NO_2)가 많이 묻어 있는 미세먼지는 산성비를 내리게 해 토양과 물을 산성화하고, 토양 황폐화·생태계 피해·산림수목과 기타 식생의 손상 등을 일으킨다. 또한 공기 중에서 카드뮴 등의 중금속이 미세먼지에 묻어도 농작물, 토양, 수생 생물에 피해를 준다.

아울러 미세먼지는 산업 활동에도 적지 않은 악영향을 준다. 반노체와 디스플레이 같은 산업은 가로·세로·높이

30센티미터 공간에 0.1 μg(마이크로그램)의 먼지입자 하나만 허용될 정도로 먼지에 민감한 분야다. 미세먼지에 노출될 경우 불량률이 증가하기 때문이다. 자동차 산업은 도장 공정을 비롯해 자동화 설비의 오작동 같은 피해를 볼 수 있다. 그뿐 아니라 미세먼지는 가시거리를 떨어뜨려 비행기나 여객선 운항에 지장을 준다. 당연히 관광 분야도 피해를 본다. 미세먼지로 시내가 온통 뿌옇고 시민들이 마스크를 쓰고 다니는데 누가 관광을 오겠는가?

미세먼지는 인체 건강, 농작물, 산업 활동, 관광 등 온갖 분야에 피해만 끼칠 뿐 조금도 쓸모가 없다. 그래서 더욱더 이를 줄여야 한다.

4차 산업혁명의 융·복합 신재생에너지가 미세먼지 해결책

우리나라의 미세먼지 농도가 상대적으로 높은 까닭은 인구밀도가 높고 고도의 도시화 · 산업화로 단위 면적당 미세먼지 배출량이 많은 데다 지리적 위치나 기상 여건까지 불리하기 때문이다.

이를 좀 더 구체적으로 살펴보자. 우리나라의 미세먼지를 줄이려면 먼저 어디서 미세먼지가 발생하는지 알아야 한다.

미세먼지 발생 원인을 지역별로 보면 크게 세 가지다. 그것은 우리나라 내부에서 발생하는 것, 중국에서 날아온 오염물질 그리고 중국 북부와 몽고 등 사막에서 날아온 황사다.

따라서 종합적인 대책을 세워 분야별로 대응할 필요가 있다.

먼저 황사는 역사적으로 아주 오래전부터 우리나라의 골칫거리였다. 이는 단시일 내에 해결이 불가능하다는 의미다. 이를테면 사막에 나무심기 같은 국제 공조로 장기간에 걸쳐 추진해야 한다.

그다음으로 중국의 오염물질 유입 방지다. 이 분야는 완벽하지는 않지만 해결에 기여할 방안이 있다. 바로 한 · 중 FTA다. 중국의 오염물질은 상당량이 자동차 등 운반구, 석탄발전 등 낙후된 발전 시설, 연탄을 사용하는 겨울 난방 등에서 발생한다. 그러다 보니 중국 정부는 한 · 중 FTA 서비스 분야 중 폐수 처리, 고형 폐기물 처리, 배기가스 정화, 소음 저감, 위생 서비스의 5개 분야에서 지분 100퍼센트 한국 기업 설립을 허용하는 등 환경 서비스 분야를 우리에게 대폭 개방했다. 이는 우리의 선진 환경기술을 흡수하기 위함이다. 에너지 분야도 산업협력 분야에 포함해 신재생에너지 기업의 중국 진출 기회를 열어놓았다. 그러니 첨단 신재생에너지 기업은 한 · 중 FTA를 활용해 수출도 하고 미세먼지도 잡아보는 것이 어떨까 싶다.

마지막으로 국내 오염물질을 줄이는 일은 장기적인 플랜

을 짜서 대응할 필요가 있다. 노후화한 석탄발전을 폐쇄하고 원전을 줄이는 데는 전력 대란을 막기 위한 대안과 전기료 인상 문제에 따른 대책이 필요하다. 자동차 배기가스와 기업들의 먼지 배출도 문제가 되고 있지만 아직 뾰족한 수는 없다.

그래도 희망은 있다. 한국신재생에너지협회에 따르면 4차 산업혁명과 융·복합신재생에너지를 활용하면 에너지 비용을 절감하고, 석탄발전의 미세먼지도 잡으면서 전기료 인상도 줄일 수 있다고 한다.

이러한 융·복합신재생에너지 사업은 직접판매 사업과 무슨 관계가 있을까? 일부에서는 직접판매의 미세먼지 대책으로 공기청정기 판매를 말하지만 그건 근본적인 대책이 아니다. 공기청정기는 실내에서만 효과적일 뿐 밖에 나가면 미세먼지를 고스란히 흡입해야 한다. 즉, 그것은 그저 얄팍한 판매 전략에 불과하며 아이들의 장래까지 생각하는 지속가능한 전략은 아니다.

그 장기적인 전략은 세 가지로 나눌 수 있다.

● 융·복합신재생에너지 시스템을 가정, 기업, 지자체, 정부에 보급해 에너지를 절감하고 미세먼지도 잡는다.

예를 들면 가정과 학교의 실내에서 IoT로 미세먼지 측정, IoT를 부착한 맞춤 공기청정기 사용, 융·복합신재생에너지로 미세먼지 없이 온·난방 가동, 발전에서 나오는 막대한 폐열 재활용, IoT를 부착한 자동차를 생산해 배기가스 실시간 점검 등의 근본적인 대책이 필요하다. 만약 직접판매 분야에서 C2C, B2C, B2B, B2G 등을 적극 활용해 융·복합 신재생에너지를 보급한다면 최소 50퍼센트 이상의 에너지를 절감하면서 미세먼지와 탄소도 잡을 수 있을 것이다.

● **융·복합신재생에너지에 관한 인식 전환 및 활용을 위해 소비자 마케팅과 교육을 실시한다.**

이때 직접판매 분야의 마케팅, 홍보, 교육 등의 기법과 네트워크 시스템을 유용하게 활용할 수 있다. 직접판매 분야의 체험장, 교육 시스템, 강사 등의 교육 자산을 적극 활용하면 매우 효율적인 융·복합신재생에너지 보급 시스템을 갖출 수 있을 것이다.

● **융·복합신재생에너지를 무기로 FTA 시장에 진출한다.**

어차피 글로벌 시장은 FTA 시장으로 전환되고 있다. 특히 우리나라와 FTA를 체결한 중국, 동남아, 중동 시장이 유망하다. 업계에 따르면 벌써부터 에너지 비용을 획기적으로 절감하면서 미세먼지 제로, 탄소 제로의 융·복합신재생에너지 시스템에 관해 국내는 물론 해외의 많은 기업·기관·지자체 등의 문의가 빗발친다고 한다. 특히 필리핀, 인도네시아, 케냐, 사우니아라비아, 누바이, 베트남, 뭉고 같은 나

라도 적극 구애를 한다니 다행스런 일이다. 직접판매 업계
도 이런 호기를 적극 활용해야 한다.

4. 수어드의 바보짓,
시대를 읽는 통찰력 필요

수어드의 바보짓, 알래스카 매입

"국제거래상 가장 바보 같은 거래, 수어드의 바보짓, 수어드의 냉장고, 다 빨아먹은 오렌지, 북극곰의 정원"

이처럼 온갖 조롱을 다 받은 거래가 바로 1867년 미국이 러시아제국에 1ha(10,000m², 약 3,030평)당 5센트로 환산해 720만 달러를 지불하고 알래스카를 매입한 일이다.

1853년에 시작된 크림전쟁에서 러시아제국은 오스만제국과 영국·프랑스 등으로 구성된 연합군에 패했다. 러시아제국은 당시 알래스카의 주요 산업이던 모피 무역도 효과가 떨어지고 재정난이 심해진 데다 승전국인 영국이 알래스카를 강제로 탈취하려는 조짐을 보이자 영국과 사이가 좋지 않던 미국에 알래스카를 매입하라고 먼저 제안했다. 그때 앤드루 존슨 미국 대통령과 윌리엄 수어드(William Seward) 국무장관은 국내의 거센 반발에도 불구하고 알래스카를 사들였다.

그런데 얼마 지나지 않은 1897년 금광을 발견한 이후 석유, 석탄, 천연가스, 철 등 각종 지하자원이 쏟아져 나오면서 알래스카가 '위대한 땅'으로 불리는 대반전이 일어났다.

"역사상 최고의 거래! 극적인 반전이 일어난 거래!"

현재 알래스카의 가치는 경제적으로도 수십조 달러에 달하며 군사, 정치, 환경, 자원, 관광 등 돈으로 환산할 수 없는 가치는 무궁무진하다고 한다.

우리에게도 이처럼 미래를 보는 혜안과 통찰력, 리더십이 필요하다. 비록 현재의 이해관계와 논리, 지식, 가치로는 보잘것 없어 보여도 시대가 변하면서 가치도 변하고 때론 치명적 반전이 일어나기도 하기 때문이다.

미국 국무장관 수어드는 온갖 방해와 조롱에도 불구하고 시대를 읽는 통찰력으로 알래스카의 미래 가치를 간파하고 리더십을 발휘했다. 덕분에 그는 역사상 가장 어리석은 거래라고 조롱받던 땅을 역사상 가장 최고의 거래로 만들었다.

우리도 최근 이런 반전을 경험했다. 미국과 FTA를 체결하면 한국이 망해서 미국의 51번째 주로 편입된다고 그 난리를 치던 한·미 FTA가 발효 후 5년이 되자, 미국이 체결한 20여 개 FTA 중 가장 큰 무역적자가 발생한 최악의 FTA니 재협상하자고 할 만큼 정반대 결과가 나타난 것이다.

한·미 FTA 발효 전인 2011년 132억 6,100만 달러(약 15조 5,000억 원)이던 미국의 대 한국 무역적자는 한·미 FTA 발효 이후 계속 증가해 2015년 283.1억 달러, 2016년 232.5억 달러로 5년 만에 두 배 정도 증가했기 때문이다.

세계 경제의 변화와 흐름을 볼 때는 좁고 단기적인 이해관계를 넘어 미래를 내다보고 시대를 읽는 깊은 통찰력이 필요하다. 시대를 읽어야 살 수 있다.

직접판매 산업에도 시대를 읽는 통찰력 필요

많은 사람이 4차 산업혁명을 논하지만 주의할 것은 이론이 아니라 현장이 중요하다는 점이다. 즉, 원론적인 미사여구보다 구체적으로 어떻게 할 것인지 방법을 강구해야 한다. 가령 글로벌 시장으로 진출하려면 FTA를 알아야 한다.

2016년 세계 교역 시장의 60퍼센트 이상을 점하는 FTA 시장을 제외하고 무슨 글로벌이 가능하겠는가? 앞으로 FTA의 교역 시장 점유율은 점점 더 올라갈 것이 분명하다. 심지어 FTA가 없는 글로벌 주장은 설득력이 떨어진다. 요행히 글로벌 시장으로 나가도 국제 경쟁력이 없으면 FTA 시장의 제물이 될 뿐이다.

이제는 직접판매 분야 종사자들도 공부를 해야 한다. 세계가 하나의 시장으로 통합되고 로봇이 사람을 대신하며, 플랫폼 하나에서 하루에 수십조 원의 매출이 발생하는 시대에 아직도 국내시장에 안주하면 살아남기 힘들다. 그렇다고 직접판매의 기본 정신과 기법을 버리라는 얘기는 아니다. 다만 시대가 변했으니 시대에 맞게 방법을 업그레이드해야 한다.

이는 운전자가 자동차 정비는 못해도 원리를 알아야 운전을 잘하고, 인터넷 이용자가 프로그램을 짤 수는 없어도 그 원리를 알아야 잘 활용하는 것과 마찬가지다.

향후 국제 경쟁은 더 치열해질 테고 어느 개인, 기업, 국가도 IPv6나 FTA 같은 시대 변화의 추동력과 본질적 요소 그리고 그에 다른 변화를 피해갈 수 없다. 이것이 직접판매 분야도 시대 변화를 깊이 통찰해야 하는 이유다.

제3장

MEGA

거대 시장 TISA,
유통의 국제표준을 논한다

초국가 시장,
초국가 소비자,
초국가 유통

메가 마케팅

1. 제6의 신대륙, FTA 연방 탄생

직접판매 업계가 가장 많이 하는 FTA 질문

FTA와 관련해 사람들이 가장 궁금해 하는 질문은 이것이다. "기존 무역과 FTA에 어떤 차이가 있는가?"

먼저 일반 무역과 FTA는 규범이 다르다. 일반 무역은 국제적인 표준이 있다. 이를테면 수출입 시 사용하는 신용장은 '신용장 통일 규칙'이라는 국제표준에 따라 전 세계가 동일한 양식과 용어, 표기법을 사용한다. 만약 표준화가 이뤄지지 않아 각국마다 다르게 사용하면 대혼란이 벌어질 것이기 때문이다. 무역 형태도 혼란과 분쟁을 방지하기 위해 '인코텀스(International Commercial Terms의 약자)'라는 국제표준을 따른다. WTO는 국제무역의 표준을 관장하는 기관이기도 하다.

반면 FTA는 일정한 표준 없이 FTA마다 서로 다르다. 가령 한·중 FTA와 미국·이스라엘 FTA가 같을 수는 없다. 그 이유는 국가 간 이해관계가 다르기 때문이다. FTA 아래서의 교역은 두 나라 사이에만 통하는 교역체계가 형성되는 까닭에 예전에 하던 대로 무역을 하다가는 큰일 날 수도 있다. 다시 말해 FTA를 체결한 국가와 기존의 방식대로 무역을 했다가는 벌금 부과, 통관 지연, 경쟁력 약화, 수출 취소, 시장 퇴출 등은 물론 규범 위반으로 큰 낭패를 볼 수도 있다.

결국 기존 무역과 FTA에는 다음과 같은 차이점이 있다.

- 기존 무역은 표준규범 체계인데 반해 FTA는 새로운 규범 체계다.
- 기존 무역은 전 세계 동일 체계인데 비해 FTA는 건마다 다르다.
- 기존 무역과 FTA는 교역 프로세스가 다르다.

이제 기업은 필요할 때마다 전 세계 수백 개의 FTA를 일일이 공부해야 한다. 예를 들어 인도에 A 제품을 수출한다고 가정해보자. 이때 기존 무역에서는 인도뿐 아니라 전 세계 어느 국가와도 수출 프로세스가 동일하다. 비록 국가별로 약간의 차이는 있지만 기본적으로 인코텀스와 신용장 통일 규칙 등에 의거해 수출을 한다. 그런데 전 세계에 서로 다른 FTA가 424개나 발효되었다는 것은 FTA 시장에 수출할 때 A 제품 수출 프로세스가 424개에 이른다는 얘기다. 이것이 FTA의 어려운 점이다.

이처럼 FTA가 복잡하고 어렵다 보니 현재 한국에서는 FTA를 제대로 가르치는 전문가도, 대학도, 기관도 없는 실

정이다. 그렇다고 너무 걱정할 필요는 없다. 우리만 그런 것
이 아니고 중국, 일본, 러시아, 인도, 베트남, 태국 등 많은
국가가 FTA를 어려워하고 있다. 아시아권에서는 그래도 한
국이 가장 앞서 있는 편이다.

제6의 신대륙, FTA의 무한 진화

국제법에서 국가를 이루는 3요소는 국토, 국민, 주권이
다. 여기서 국토는 일반적으로 영토 개념으로 쓰였으나 근
대 들어 국토를 영토(육지), 영해(바다), 영공(하늘)으로 나누
고 있다. 한데 최근 경제 분야에서는 육지대륙을 고체대륙
으로, 지중해 같이 육지에 둘러싸인 해양을 액체대륙으로,
항공우주 분야를 기체대륙으로, 인터넷으로 창출한 온라인
세상을 사이버대륙으로 부른다. 그리고 최근 빅데이터(Big
Data), 인공지능(AI), 사물인터넷(IoT), 증강현실(AR) 등 기존의
물리적 세상과 온라인 세상이 융합해 탄생한 세상을 증강대
륙이라 부른다.

이제 FTA라는 새로운 경제 영토가 탄생했으니 그것은 이
른바 FTA 연방, 즉 제6의 신대륙이다. FTA 연방이란 한 국
가가 여러 나라와 FTA를 체결해 확보한 새로운 개념의 경제
영토를 말한다. 그 형태가 마치 미국 같은 거대한 연방국과
같아서 FTA 연방이라고 부른다. 현재 한국은 칠레, 페루에

이어 세계 3위의 FTA 연방국을 구축했다. 국토 면적이 세계 107번째, 인구 28위로 작은 나라인 한국이 세계 3위의 광대한 FTA 영토를 확보했으니 대단하지 않은가? 이것은 앞으로 직접판매 분야의 글로벌 시장 진출에 날개를 달아줄 것이다.

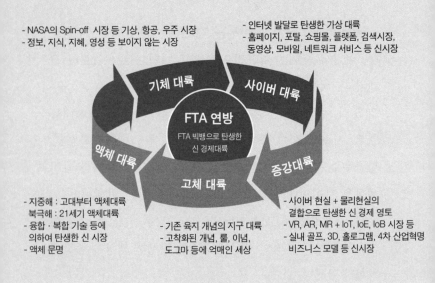

새롭게 탄생하는 제 6대륙, FTA 연방

- NASA의 Spin-off 시장 등 기상, 항공, 우주 시장
- 정보, 지식, 지혜, 영성 등 보이지 않는 시장

- 인터넷 발달로 탄생한 가상 대륙
- 홈페이지, 포탈, 쇼핑몰, 플랫폼, 검색시장, 동영상, 모바일, 네트워크 서비스 등 신시장

기체 대륙

사이버 대륙

FTA 연방
FTA 빅뱅으로 탄생한 신 경제대륙

액체 대륙

증강대륙

고체 대륙

- 지중해 : 고대부터 액체대륙
  북극해 : 21세기 액체대륙
- 융합 · 복합 기술 등에
  의하여 탄생한 신 시장
- 액체 문명

- 기존 육지 개념의 지구 대륙
- 고착화된 개념, 룰, 이념,
  도그마 등에 억매인 세상

- 사이버 현실 + 물리현실의
  결합으로 탄생한 신 경제 영토
- VR, AR, MR + IoT, IoE, IoB 시장 등
- 실내 골프, 3D, 홀로그램, 4차 산업혁명
  비즈니스 모델 등 신시장

FTA 연방이라는 신대륙을 이해하려면 FTA의 신화를 알아야 한다. FTA가 진화하느냐고? 물론이다. 무릇 살아 있는 것은 끊임없이 변하고 그것도 생존에 더 유리한 방향으로 진화한다. FTA도 살아 있는 유기체와 마찬가지로 끊임없이

진화하고 있다. FTA 국가 간에 경쟁이 치열하게 벌어지면서 생존을 위한 진화가 일어나는 것이다. 무엇보다 FTA는 학문이 아니라 무역 현장에서 싸워 이겨야 살아남는 배틀(Battle, 전투) 산업이다.

그러면 FTA는 어떻게 진화하고 있을까? FTA의 진화는 크게 내부 진화와 외부 진화로 나뉜다.

내부 진화는 FTA에 담긴 내용이 계속 확대되는 것으로 두 가지로 분류할 수 있다. 하나는 프로세스가 변화하는 것이다. 실제로 기존에는 유형상품 국제 거래의 일부 단계인 통관 및 원산지 위주로 FTA가 확대되었지만 최근에는 FTA의 영향으로 시장조사, 마케팅, 바이어 발굴, 계약, 금융, 구매, 제조, 물류, 소비자 보호 등 무역의 프로세스가 재편되고 있다. 이에 따라 진화한 FTA 가치사슬의 최적화가 필요해졌다. 다른 하나는 산업적 확장이다. 초기 FTA는 주로 이웃국가 간에 제조업 위주로 체결했으나 차츰 서비스, 농업, 투자, 조달시장, 기술, 문화, 지식, 사회 분야 등을 포함하더니 최근에는 산업 협력·국영기업·중소기업 등도 포함하는 등 포용 분야가 무한 확장 중이다.

외부 진화는 FTA의 형태가 계속 변화하는 것을 말한다. 우리가 익히 알고 있는 한·미 FTA, 한·중 FTA 등은 두 나라 간에 협정이 이뤄진 양자 FTA다. 그러나 한·중·일

FTA(3개국), RCEP(16개국), FTAAP(21개국) 등 3개국 이상이 참여한 다자 FTA도 증가하고 있다. 다자 FTA 중에서도 특별히 거대한 다자 FTA를 메가 FTA라고 부른다.

세계 주요 다자 FTA 현황

구분	Mega FTA	참여국가	비고
아시아·태평양	TPP (환태평양 경제동반자 협정)	12 + 7	2015년 타결
	RCEP (역내포괄적 경제 동반자 협정)	16	2017년 타결 목표
	TTIP (범대서양 무역투자 동반자 협정)	미 + EU 28	일본, 캐나다 참여 논의
	FTAAP(아시아 태평양 자유무역지대)	APEC 21	2016 공동연구결과 도출
	AEC(아세안경제공동체)	ASEAN 10	아세안 10개국
중남미	Pacific Alliance (태평양동맹)	4 + 2	코스타리카, 파나마
	MERCOSUR (남미공동시장)	5 + 1	베네수엘라, 볼리비아
	PA + MERCOSUR 통합 논의	4 + 5	베네수엘라 정지
유라시아	EAEU (유라시아 경제연합)	5 + 2	타지키스탄, 투르크메니스탄
아프리카	TFTA (아프리카 자유무역지대)	26개국	2017년 발효 목표

어느 한 국가와 양자 FTA, 다자 FTA 등을 여러 번 체결하는 복합 FTA도 증가하고 있다. 예를 들면 한국과 베트남은 4~3개, 한국과 중국은 5 6개, 한국과 일본은 4~5개, 한국과 미국은 2~3개, 한국과 인도는 3개 등의 복합 FTA를 체결할 예정이다. 복합 FTA를 체결한 국가와 거래하거나 직접 진출할 경우에는 매번 여러 개의 복합 FTA 중에서 어느 것

이 더 유리한지 선택해서 거래해야 한다. 자신에게 더 유리한 FTA를 선택할 능력이 없으면 상대방도 자신에게 더 유리한 FTA를 선택해 거래하고자 할 것이므로 불리해진다. 결국 FTA 체결국가에 진출하면서 유리한 고지를 점하고 싶은 개인, 기업, 단체, 지자체 등은 모두 상대보다 FTA를 더 잘 알아야 한다.

FTA는 어렵고 또 무한 진화하는 상황이라 따라잡기가 매우 힘들다. 그렇지만 어렵기 때문에 기회가 있는 것이다. 특히 FTA는 시장을 통합하는 것이므로 FTA 시장에서 상대국과 거래하는 것은 수출입이라기보다 내수 확장으로 봐야 한다. 이 확대된 내수시장을 우리가 개척하지 않으면 다른 나라 기업, 사업자가 그들 나름대로 내수시장 개척 차원에서 침투한다. 이제 국경은 사라졌고 국내시장에 안주하다가는 어느 사이에 당할지 모른다.

2. 50개국 이상의
초거대 서비스 시장 TISA,
직접판매에 기회

복수국 간 무역협정, 또 다른 FTA의 진화

여러 나라가 참가해 다양한 분야를 협상하는 다자 FTA는 서로 이해관계가 복잡해 협상하는 데 시간이 오래 걸리는 등 불편함이 많다. 이에 일부 WTO 회원국들이 관심 있는 특정 의제를 두고 특혜무역 협상을 하는 것을 복수국 간 협정[1]이라고 하는데, 이것도 크게 봐서 FTA다. 주요 협정으로는 정보통신(ITA), 환경상품(EGA), 서비스(TISA), 조달시장(GPA)이 있다. 최근 GPA와 ITA는 개정 협상을 완료했으나 TISA와 EGA는 아직 협상이 진행 중이다.

복수국 간 협정이 각 무역국가에 중요한 이유는 엄청난 수출 기회가 생기기 때문이다. 환경부 자료(2016. 2. 16.)에 따르면 가령 EGA에는 WTO의 일부 회원국만 협상에 참가하시만 참가국만 혜택을 보는 FTA와 달리 협정 참가 여부와 관계없이 164개 회원국 모두가 합의 결과에 따른 혜택을 누린다.

상상해보라. 상품을 164개 국가에 무관세로 수출할 수 있다면 흥분하지 않을 기업인이 어디 있겠는가? 그렇다고 모든 복수국 간 협정이 WTO 회원국 모두에게 혜택을 안겨주는 것은 아니다. 정부조달 복수국 간 협정인 GPA는 협상에 참여한 국가에만 혜택이 돌아간다. 설령 그럴지라도 복수국 간 협정은 해외에 진출하는 기업에게 큰 기회다.

이런 엄청난 수출 시장을 모르면서 해외시장에 진출하라거나, 수출한다고 주장하는 것은 참으로 공허한 일이다. 이참에 복수국 간 협정을 좀 더 자세히 알아보자.

● ITA는 IT 제품의 무관세화를 규정한 협정이다.

78개국이 참여해 두 번에 걸친 ITA 협상을 한 결과 컴퓨터, 소프트웨어, 휴대전화, 의료기기 등 많은 IT 제품 무역을 무관세로 하고 있다. 전 세계 ITA 품목 교역의 97퍼센트 이상이 ITA 협정의 영향을 받을 전망이며 IT 강국인 한국이 최고의 혜택을 볼 것으로 보인다.

● EGA는 환경상품의 무역자유화 협정이다.

대기오염 관리, 폐기물 처리, 에너지 효율, 재생에너지 분야 등 304개 품목을 놓고 관세 및 비관세 장벽 철폐를 위한 협상을 진행 중이다. 현재 한국을 비롯해 미국, EU, 중국, 일본 등 44개국이 참가하고 있고 전 세계 환경상품 교역량의 약 85퍼센트를 차지하는 거대 시장이 형성될 전망이다. 이 협정 역시 무역국가인 우리나라 수출에 크게 기여할 것이다.

● GPA는 정부조달 협정이다.

정부조달은 앞서 설명했듯 각국의 정부기관이나 공무원 등이 필요한 물품과 서비스를 조달하는 것을 말하는데, 대개는 자국 기업에서 조달한다. 이처럼 전 세계적으로 13조 달러가 넘는 것으로 보이는 거대한 조달시장이 폐쇄적이자 WTO가 회원국들 간에 GPA 협정을 맺게 해서 참가국들이 정부조달시장²¹을 상호 개방하게 만들었다. 정부조달시장 개척은 워낙 중요한 사항이라 제5장에서 구체적으로 다시 살펴본다.

새로운 초거대 시장, 티사(TISA)

● TISA는 서비스 복수국 간 협정이다.

TISA는 한국을 포함한 50여 개 이상의 국가가 참여하는 협정으로 18개의 서비스 항목 자유화를 협상 중이다. TISA가 발효되면 50여 개 이상의 국가가 합의한 서비스 분야를 통합된 거대 시장에서 교역할 수 있으므로 그야말로 대박이 아닐 수 없다.

지금은 금융, 통신, 국내 규제와 투명성, 전자 상거래, 현지화, 인력 이동 같은 6개 분야의 교육 자유화에 합의했고 12개 항목의 서비스도 추가 협의를 계속하기로 했다. 한국의 제조업 수출이 침체되는 상황에서 TISA의 발효는 서비스 수출에 획기적인 전환점이 될 전망이다. 수십 개의 국가가 하나의 시장으로 통합되고 그 통합된 거대 시장에서 여러분이 참가한 서비스 사업모델을 판매할 수 있다는 얘기다. 가령 보험업에 종사하는 사람은 아직은 보험 상품을 국내에서만 판매하지만, TISA에서 금융 분야를 확정해 보험규범을 표준화하면 그 규범에 따라 만든 보험 상품을 50여 개 이상의 국가에서 판매할 수 있다.

그럼 이 상황을 직접판매 분야에 적용해보자. 이미 TISA에서 금융, 통신, 전자상거래 분야 등을 협의하기로 확정했고 곧 유통·물류 분야 등도 논의할 예정이다. 그런데 직접판매 업계는 이미 금융, 통신, 전자상거래, 유통·물류 분야를 모두 취급하지 않는가? TISA에 주목해 미리 준비하는 사람에게 축복이 있으리니 정신을 바짝 차려야 한다. 대박이 눈앞에서 사라질 수도, 내 품에 안길 수도 있다. 아쉽게도 아직은 직접판매 업계, 금융 업계, 전자상거래 업계, 물류 업계 등의 수장들이 TISA에 큰 관심을 기울이지 않고 있다.

TISA 협상 언론 기사

금융·통신 서비스 분야 수출 길 '성큼' … 신규 시장 열릴까
TISA 17차 협상 통해 6개 서비스 분야 국제 통합 규제 적용키로 합의

금융과 통신 서비스의 해외시장 진출에 '청신호'가 켜질지가 관심사로 떠오르고 있다. '복수국간서비스협정'(TISA)의 연내 타결이 관건이다. 26일 산업통상자원부에 따르면 지난 8~18일까지 스위스 제네바에서 개최된 TISA 중간 점검 회의에서 6개 서비스 항목이 교역 자유화 대상 항목에 사실상 안착했다.

이인호 산업부 통상차관보는 "이번 협상에서 전자상거래와 인력 이동 등에 일부 진전이 있었다"며 "연내 협상 타결이 목표"라고 설명했다. TISA는 단일 무역 체제 도입을 목표로 한 '도하개발어젠다'(DDA) 협상이 지연되면서 국가 간 서비스 교역 분야의 자유화를 위해 2013년 6월 개시한 다자간 협상 체제다. 우리나라를 포함해 23개국(EU는 28개국)이 참여하고 있으며 지난 18일까지 모두 17차례의 협상이 진행됐다.

이번 회의에서는 TISA 타결에 앞서 △금융 △통신 △국내 규제·투명성 △전자상거래 △현지화 △인력 이동 등의 항목을 TISA 대상 항목에 포함하는 내용의 합의가 이뤄졌다는 게 산업부의 설명이다.

산업부 관계자는 "최소한 6개 항목은 포함이 결정됐다고 보면 된다"며 "TISA가 타결되면 포함된 항목은 타국에 수출하더라도 동일한 규제를 적용받는다. 일종의 비관세장벽을 넘을 수 있는 것"이라고 밝혔다.

현재 합의를 이룬 6개 항목 외에 해운과 항공, 유통 등 12개 항목의 포함 여부를 논의 중인 가운데 산업부는 추가 항목 포함 여부와 관계없이 연내 TISA 타결을 목표로 대비하겠다는 방침이다. 이 통상차관보는 "하반기에 모두 네 차례의 협상이 예정돼 있다"며 "국내 서비스 산업의 경쟁력 강화와 해외 진출 활성화라는 입장을 중심으로 협상을 이끌어갈 계획"이라고 밝혔다.

– 세종= 뉴스 1: 2016. 7. 27.

3. TISA의 유통 서비스
국제표준화 논의에 담긴 의미

TISA가 직접판매 분야에 미치는 영향

왜 직접판매 분야가 TISA에 주목해야 하는 걸까? 그 이유를 좀 더 구체적으로 살펴보면 아래와 같이 요약할 수 있다. 결론부터 말하자면 앞으로 TISA가 직접판매 분야의 명운을 가를 수 있으므로 회사, 리더, 사업자 들은 3위일체가 되어 이에 대비해야 한다. 먼저 이미 확정된 TISA 협상 대상의 6개 분야부터 살펴보자.

● 금융 분야

이미 예를 든 보험뿐 아니라 대출, 저축, 보증, 증권, 자본, 펀드, 투자, 선박 금융, 파생상품, 핀테크, 디지털 화폐 등 분야가 다양하다. 무엇을 포함하고 어떻게 표준화가 이뤄질지는 협상이 끝나봐야 알겠지만 확실한 것은 표준화된 기준에 따라 설계한 금융상품은 50개국 이상의 통합된 시장에서 판매가 가능하다는 점이다.

● 통신

현재 국내의 주요 통신사가 제공하는 통신 서비스는 국내에서만 통용될 뿐, 국제시장에서 그대로 판매하는 것은 곤란하다. 규범, 표준, 제도, 규제, 정책 등이 다르기 때문이다. 하지만 TISA가 발효되면 얘기가 달라진다. 가령 TISA의 통신 규정에 따라 설계한 통신 서비스 상품은 한국뿐 아니라 TISA에 참여한 50여 개 이상의 국가에 판매할 수 있다.

● 전자상거래

대부분의 직접판매 업체가 전자상거래를 하고 있고 홈페이지도 운영한다. 그러나 기존 전자상거래는 사실상 국내용으로 해외 바이어나 해외 파트너가 활용하기에는 불편하다. 이는 전자상거래의 규율, 규범, 제도, 코드, 보안, 물류, 결제, 세금, 소비자 보호 규정 등이 모두 다르기 때문이다. 만약 TISA에서 전자상거래의 국제규범을 확정하면 참여국이 하나의 전자상거래 시장으로 통합되니, 사업자에게는 큰 낭보가 아닐 수 없다.

참고로 TISA에서 논의하는 전자상거래는 기존의 국내 온라인에서 물건을 사고파는 좁은 의미의 전자상거래가 아니라, 50여 개 이상의 국가에서 통용되는 플랫폼형 전자상거래다. 최종 타결 결과가 나와 봐야 알겠지만 e-커머스, M-커머스, T-커머스, 소셜 커머스(Social Commerce), 플랫폼 커머스(Platform Commerce), AI 커머스 등 세상 어디에나 있는 커머스

(Commerce Everywhere) 개념의 신전자상거래[3]를 종합한 전자
상거래 모델의 표준화가 이뤄질 전망이다.

● 인력 이동

모든 사업은 사람이 하는 것이며 인력 이동이 자유롭지
못하면 사업 자체가 불가능할 수 있으므로 이 분야는 매우
중요하다. 현재 협상 중이라 뭐라고 예단하기는 곤란하지
만 만약 50여 개 이상의 국가 간에 인력 이동이 보다 자유로
워지면 사람 간의 네트워크로 사업을 하는 직접판매 분야에
큰 기회가 될 수 있다. 따라서 한시바삐 거대한 TISA 시장에
서 사업을 할 수 있는 글로벌 IBO를 양성해야 한다.

● 유통의 국제규범 논의

이 분야에서 논의가 잘 이뤄지면 직접판매 업계에 희소식
이 올지도 모른다. 이미 직접판매 분야가 사업화하고 있는
금융과 전자상거래는 물론 추가로 직접판매 분야 자체가 국
내적 한계를 벗어나 글로벌 시장에서 통할 수 있는 유통의
글로벌 규범화, 즉 국제 표준화를 논의할 수도 있기 때문이
다. TISA가 세계 서비스 시장의 70퍼센트 이상이므로 여기
서 합의된 규범은 곧 세계 표준이라고 할 수 있다.

이 밖에도 에너지 · 환경 · 물류 · 정부조달 등 TISA가 직
접판매 분야에 미치는 영향은 다양하고도 막대하다. 그러므

로 직접판매 분야는 생존을 위해서라도 즉시 FTA와 TISA를 활용할 역량을 갖춰야 한다. 그렇지 않으면 이 거대한 잔치에 참여할 수 없다.

직접판매 분야의 TISA 활용법

TISA를 어떻게 활용해야 할까? 여기에 몇 가지 TISA 활용법을 소개하고자 한다.

● **리더들이 마인드를 바꾼다.**

회사의 경영진은 물론 사업자를 리드하는 리더들이 좁은 국내에 안주하지 말고 세계시장 변화를 인식해야 한다. 그래서 글로벌 경영, 나아가 FTA 연방에서 초국가 경영을 할 필요가 있다. 이를 위해서는 우선 FTA의 기초를 공부하고 나아가 FTA의 진화 및 TISA도 배워야 한다.

● **TISA 전문가를 양성한다.**

아무리 FTA와 TISA의 필요성을 강조하고 설명해도 직접판매 분야 내부에서 이를 받아들이지 못하면 활용하기 어렵다. 그러므로 직접판매 분야에서 글로벌 마인드가 있는 사업자를 선발해 TISA 전문가를 양성해야 한다. 회사와 리더들은 파트너들의 TISA 교육을 지원하는 것이 바람직하다.

다음의 사례는 내가 국내 최고의 직접판매 전문가와 협력해 IBO들에게 FTA와 TISA를 120시간 동안 교육한 과정을 언론에서 다룬 내용이다.

직접판매 FTA 아카데미 개설 언론 기사

직접판매 업계, 메가 FTA에서 길을 찾다.

바야흐로 지금은 초연결 혁명, 4차 산업혁명, FTA 혁명 등 대변혁 시대를 앞둔 시점이다. 전 세계는 이미 차세대 산업의 주도권을 잡기 위해 신산업 육성에 박차를 가하고 있다. 이런 가운데 FTA와 직접판매 분야의 두 거장이 뜻을 모아 국내 최초로 메가 FTA 시대에 걸맞은 직접판매 분야의 메가 FTA 인재 양성 아카데미를 개설해 주목을 받고 있다. 이창우 한국FTA산업협회 회장과 이미희 인재양성 온누리 대표가 공동으로 개설한 'FTA 직접판매 글로벌 리더 양성 아카데미'가 바로 그것이다. … 이에 본지는 지난 12월 11일 이 회장과 이 대표를 초빙해 좌담회를 열고 이번 아카데미 개설 배경과 의의, 추구하는 지향점, 비전에 대해 깊이 있는 대화를 나눠보았다.

이미희: 지금은 생활 속 사물들을 유무선 네트워크로 연결해 정보를 공유하는 IoT 시대입니다. 그러나 이 또한 조만간 급격한 변화를 맞이해 한 단계 업그레이드될 것입니다. 바로 메가 FTA 시대가 도래

하는 것이죠. 이에 따라 FTA 시장의 시장점유율로 시대를 선도할 새로운 리더, 즉 메가 리더가 나타날 텐데 그 리더를 미리 양성함으로써 대한민국이 글로벌 메가 FTA 시장을 선점하는 주춧돌로 삼으려는 것이 이번 아카데미 개설의 취지입니다.

이창우: 이번 FTA 아카데미는 FTA로 국익을 창출하는 데 앞장서는 현장 중심의 FTA 전문가 양성 과정입니다. 5단계 20주차의 커리큘럼으로 진행하되 국내 최고 수준의 FTA 강사진이 총 120시간 동안 현장 FTA 교육을 실시할 예정입니다. … 새로운 메가 FTA 시대를 이끌어갈 리더를 양성하는 데 전력을 다하겠습니다.

앞으로 국내의 직접판매 업체, 사업자, 리더 들은 FTA를 모르면 살아남기 어려울 것입니다. 한국이 거대한 메가 FTA 시장으로 통합되는 상황에서 우리가 그 시장으로 진출하지 못하면 경쟁자가 우리 시장을 빼앗아갈 것이기 때문입니다. RCEP만 해도 16개 국가에 35억 명의 거대한 시장이고, TISA는 50여 개 이상의 국가가 통합되는 더 큰 시장입니다. 이번에 양성하는 FTA 특공대는 교육 후 곧바로 이런 주요 FTA 시장에 파견될 것입니다. 남보다 앞서 시장을 개척해야 하니까요. 기존 시장에서는 외국의 거대 직접판매 업체를 이기기 어려웠지만, FTA 시장에서는 한번 겨뤄볼 만합니다. 기대해도 좋습니다.

– TOP: 2017. 1.

● TISA 사업모델을 만든다.

사업모델이란 기업이 수익을 창출하게 해주는 일련의 계획과 방법, 수익성이 있는 아이템을 말한다. 구체적으로는 시장 환경에 부합해 수익을 창출할 수 있는 상품, 서비스, 콘텐츠, 네트워크, 플랫폼 또는 이들의 결합이다. 직접판매 업계 역시 TISA 환경에 부합해 돈을 벌게 해줄 사업모델을 만들어야 한다. 가령 기존의 유통·물류·교육·전자상거래 같은 서비스 분야는 물론 에너지, 엔터테인먼트, 환경, 콘텐츠, 네트워크, 플랫폼, 빅데이터, 3D 프린터 등을 활용하는 사업모델을 발굴해야 한다.

● 지원 시스템을 만든다.

FTA와 TISA의 등장으로 인력 이동이 자유로워지고 거대 시장에 걸맞은 새로운 사업모델이 만들어지면 TISA 시장에 수많은 파트너가 탄생할 것이다. 이때 시스템이 뒷받침해주지 않으면 파트너 교육, 파트너 지원, 회원관리, 상품판매, 사업모델 구축, 수익배분 등이 이뤄지기 어렵다. 특히 주의할 것은 TISA에서 합의한 전자상거래 기준에 따라 시스템을 구축해야 한다는 점이다. 기존처럼 국내에서나 통용되는 시스템을 구축했다가는 낭패를 보기 십상이다.

이 외에도 TISA에 부합하는 물류 전략, 결제 방법, 인력 파견, 자금조달, 소비자 보호, 분쟁 해결 등 시스템 구축을 위해 준비해야 할 사항이 아주 많다. 물론 이러한 문제는 회사가 해결해야 한다. 그리고 사업자는 TISA를 배워 TISA 참여국의 파트너를 확보하고 마케팅을 추진하며 파트너를 지원해야 한다.

● 다양한 국제회의, 세미나 등에 참석해 글로벌 네트워크를 구축한다.

FTA와 TISA에서 유통·물류 등의 국제규범화를 논의하는 중이고, 직접판매 분야의 지역별 국제회의도 열리고 있으므로 TISA가 발효되기 전에 다양한 국제회의나 세미나에 참석해 글로벌 네트워크를 구축하는 한편 TISA를 주도할 전문 인력을 양성해야 한다. 결국 TISA가 발효되면 참여국의 시장을 개척하는 데 네트워크를 활용할 필요가 있기 때문이다.

직접판매 지역 포럼 개최 언론 기사

UAE, 중동아시아 직접판매 포럼 진행

3월 28일부터 30일까지 UAE 두바이에서 개최된 중동아시아 직접판매 포럼(Middle East Direct Selling Forum)은 직접판매세계연맹(WFDSA, World Federation of Direct Selling Associations)이 매년 개최하는 아시아-태평양 지역 직접판매 성과 세미나에 앞서 진행된 포럼으로, 아시아 직접판매 산업 발전을 위한 장으로서 많은 관심을 모았다.

WFDSA 발표에 따르면 2015년 기준 전 세계 직접판매 시장 규모는 약 216조 원이며 한국은 약 19조 원, 9퍼센트의 시장점유율로 전 세계 3위 시장을 기록했다.

두바이 산업 전망을 발표한 하산 알 하세미(Hassan Al Hash-emi) 두바이 상공회의소 국제담당 부사장(VP, International Relations, Dubai Chamber of Commerce & Industry)은 "중동아시아는 아프리카와 함께 1퍼센트 이하의 시장점유율로 아직 그 규모가 눈에 띄진 않으나 오는 2020년 두바이 엑스포 개최로 현재보다 두 배 이상의 두바이 방문객을 유치하고, 이를 계기로 직접판매 산업 유치에도 힘쓸 것"이라고 밝혔다.

– 한국마케팅신문: 2017. 04. 21.

제4장

MEGA

메가슈머를 잡는 자가
초국가 시장에서
승리한다

4차 산업혁명 시대 직접판매 사업 글로벌 지침서 **메가 마케팅**

marketing

초국가 시장,
초국가 소비자,
초국가 유통

메가 마케팅

1. 시대를 관통하는 네트워크 법칙과 가치

4차 산업혁명 시대의 네트워크 법칙

시대가 변하면 사회도, 산업도, 네트워크 법칙까지도 변한다. 아날로그가 디지털로, 디지털이 초연결과 4차 산업혁명으로 숨 가쁘게 변화하면서 동시에 네트워크 법칙도 변해왔다. 이제 사물이 초지능을 갖춘 4차 산업혁명 시대에 네트워크 법칙이 어떻게 작동하는지 살펴보자. 여기서는 다양한 네트워크 법칙 중 직접판매 분야와 연관이 있는 4개의 법칙을 자세히 설명하기로 한다.

4차 산업혁명 시대 네트워크 법칙 진화

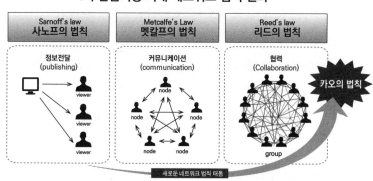

〈 네트워크 6대 법칙 〉

- 기존 네트워크 3대 법칙 : Sarnoff's Law = n, Metcalfe's Law = n^2, Reed's Law = 2^n (심재우: SB컨설팅대표)
- 새로운 네트워크 법칙 태동 : Cao's Law = n^n(n 이 구성원일 때 네트워크의 창의성은 접속되어 있는 다양성에 지수함수로 비례)
- IT 네트워크 법칙 : Moore's Law (반도체의 용량이 18개월마다 2배 증가), Gilder's Law
(통신시스템의 대역폭이 12개월마다 3배로 증가)

● 사노프의 법칙(Sarnoff's law)

이것은 아날로그 시대의 네트워크 법칙으로 네트워크의 가치는 네트워크 참여자의 수에 비례(네트워크 가치: V, V=n, n: 참여자)한다는 법칙이다. 가령 TV의 경우 시청자 한 명이 시청하면 네트워크의 가치는 1이고, 100명이 시청하면 100이 되는 방식이다. 이는 신문, 잡지, 라디오, TV 등 전통매체 환경에서의 네트워크 가치를 나타내는 법칙이다. 이처럼 사노프의 법칙을 적용하는 네트워크를 일방적 네트워크 또는 1세대 네트워크라고 부른다.

● 멧칼프의 법칙(Metcalfe's Law)

이것은 인터넷을 중심으로 한 디지털 시대의 네트워크 법칙으로 네트워크의 가치는 네트워크 참여자 수의 제곱에 비례(네트워크 가치: V, V=n^2, n: 참여자)한다. 네트워크 참여자는 수동적인 시청자가 아니라 자기들끼리 커뮤니케이션이 가능하고, 상호 교감하기에 네트워크의 가치를 기하급수적으로 높일 수 있다. 이 원리에서 소위 입소문 마케팅이라는 바이럴 마케팅 개념이 시작되었는데, 멧칼프 법칙을 적용하는 네트워크를 소통 네트워크 또는 2세대 네트워크라고 부른다. 이 법칙에 따라 프로슈머 개념이 탄생했다.

● 리드의 법칙(Reed's law)

이 법칙은 IoT를 중심으로 한 초연결 시대의 네트워크 법칙으로 네트워크의 가치는 네트워크 참여자의 2의 n승에 비례(네트워크 가치: V, $V=2^n$, n: 참여자)한다. 리드의 법칙에서는 네트워크 참여자가 무수히 많은 서브그룹을 만들면서 형성된 다중 네트워크 그물망에서 협력함으로써 네트워크의 가치를 거의 무한대로 높여 규모의 경제를 실현한다. 이 네트워크에서는 소통 차원을 넘어 구체적이고 생산적인 비즈니스로 이어지는데, 초연결 네트워크의 특성 중 하나인 규모의 경제를 설명한다는 의미로 생산적 네트워크 또는 3세대 네트워크라고 부른다. 이 법칙을 근간으로 우버, 에어비앤비 같은 초연결 사업모델이 탄생한 것이다.

● 카오의 법칙(Cao's Law)

최근에 부상한 이것은 네트워크에서 창의성은 네트워크 다양성의 지수함수에 비례한다는 법칙이다. 이는 초지능사회인 4차 산업혁명 시대에 부합하는 네트워크 법칙으로 네트워크의 가치는 네트워크 참여자의 지수함수인 n^n에 비례(네트워크 가치: V, $V=n^n$, n: 참여자)한다. 네트워크에서 다양한 생각과 관심이 만나면 그 속에서 새로운 아이디어가 나와 서로 융합함으로써 창의성을 발현할 수 있다는 법칙으로 문화계의 메디치 효과, 자연계의 창발(創發, Emergence) 현상을 설명하는 네트워크 법칙이다. 카오의 법칙을 적용한 네트워크를 창조적 네트워크, 4세대 네트워크라고 부른다. 이 법칙은 이 책의 주제인 메가 마케팅이 탄생한 이론적 배경이기도 하다.

메디치 효과 활용

이 책에서 필자가 강조하는 '경계선이 무너진 곳에서 꽃이 핀다'는 말은 4세대 네트워크 법칙인 카오의 법칙을 근거로 한 주장으로, 메디치 효과와 창발 현상을 따랐음을 밝혀둔다. 메디치 효과는 경영컨설턴트 프란스 요한슨(Frans Johansson)이 제시한 이론으로, 그가 아이디어와 생각의 교차점이 창조와 혁신이 일어나는 지점이라며 중세 르네상스 시대를 연 이탈리아 메디치가를 예로 든 데서 유래했다.

중세 이탈리아의 피렌체에서 메디치 가문은 창조와 혁신의 발상지였고 르네상스를 개화시킨 주체다. 프랑스 왕실로 시집간 메디치 가문의 여인들은 이탈리아 요리사를 데려가 프랑스에 식문화를 일으켰으며, 어린 미켈란젤로를 받아들여 숙식을 제공해 불후의 명작을 남기게 했다. 당시 메디치 가문의 후원 아래 서로 다른 분야의 재능과 지식을 갖춘 과학자, 예술가, 시인, 철학자 들이 활발히 교류해 창조적 문화를 꽃피웠듯 여러 분야의 만남과 협력으로 창조적 결과물이 생성되는 것을 메디치 효과(Medici effect)라고 한다.

이제 세상은 혁명적으로 변하고 있다. 이에 따라 시대를 관통하는 법칙도 변하고 있다. 4차 산업혁명 시대에 적응하기 위해 직접판매 업계도 카오의 법칙과 메디치 효과를 활용해보는 것이 어떨까?

언러닝(unlearning)의 필요성

혹시 파리가 벌보다 행복한 이유를 아는가? 파리와 벌 중 어느 쪽이 더 머리가 좋고 생존력이 강할까? 외국의 어느 과학자가 이 문제의 해답을 밝히기 위해 직접 실험을 했다. 그는 벌과 파리를 각각 열 마리씩 넣은 병을 창가에 눕혀 놓고 병뚜껑을 열어놓았다. 처음에 병 입구에 빛이 비칠 때는 벌이 먼저 빠져나갔으나 병의 바닥 쪽에 햇빛이 비치도록 하고, 반대쪽인 병 입구는 어둡게 하자 정반대의 결과가 나왔다. 벌은 햇빛이 비치는 쪽에서 출구를 찾은 성공 경험에 사로잡혀 병의 바닥 쪽에 모여 애를 썼다. 벌은 밝은 곳에 반드시 출구가 있다고 생각한 것이다. 그러다가 금방 지쳐서 나가 떨어졌다.

하지만 파리는 마개를 열어놓은 지 2분도 채 지나지 않아 빠져나갔다. 벌보다 지능이 한참 떨어지는 파리는 빛의 방향과 상관없이 제멋대로 좌충우돌한다. 그러다가 우연히 한 마리가 빠져나가면 다른 파리들도 따라서 빠져나간다. 벌은 파리보다 지능이 좋지만 빛이 있는 곳에 출구가 있다는 고정관념의 틀을 벗어나지 못해 병에서 빠져나가지 못하고 죽은 것이다.

뜬금없이 벌과 파리 이야기를 하는 이유는 고정관념에서 벗어나야 한다는 것을 강조하고 싶기 때문이다. 바보인 줄 알았던 파리는 아예 고정관념이나 생각의 틀 자체가 없어서 유연하게 대처한 덕분에 살아남았다.

이 역설적 사실은 산업과 기술의 경계가 없어지는 4차 산업혁명 시대에 광속으로 변화하는 세계시장과 국경이 사라지는 FTA 시장에서 살아남으려면 고정관념, 선입견, 습관적 행동 방식, 집단적 타성, 성공의 함정, 확증편향 등에서 벗어나야 한다는 것을 의미한다.

특히 한국적 환경에 안주하고 있는 많은 직접판매 기업은 과거의 성공 경험에서 벗어나야 한다. 현재의 시대정신과 시장적 특성이 과거와 판이하기 때문이다. 요즘 같이 빠르게 변화하는 시대에는 과거의 성공 경험이 오히려 독이 될 수 있다. 한마디로 이것은 '성공의 패러독스'로 노키아와 도시바의 몰락이 그 좋은 사례다. 우리가 고정관념에서 벗어나려면 어떻게 해야 할까?

첫째, 기존의 낡은 지식을 버릴 줄 아는 언러닝(unlearning, 폐기학습)이 필요하다. 경험에서 배우되 경험에 매몰되지 않고 현실에 맞지 않거나 현장에 부합하지 않는 지식 혹은 기술은 과감히 버려야 한다. 천재 발명가 에디슨이 1878년 설립한 글로벌 기업, 그러나 시대의 변화에 적응하지 못해 가라앉던 GE(General Electric)를 혁신으로 되살린 제프리 이멜트

(Jeffrey Immelt) 회장은 "조직 변화와 혁신 과정에서 가장 어려웠던 것은 폐기학습, 즉 언러닝이었다"라고 토로한 바 있다.

둘째, 원점 사고(Zero-Base Thinking)를 해야 한다. 현재 같은 격변의 시대에 살아남으려면 지금까지 해온 모든 일을 원점에서 생각해보는 원점 사고가 필요하다. 매일 관습적으로 하는 일은 없는지 스스로를 돌아봐야 한다. 이와 관련해 세계적인 마케팅의 대가 필립 코틀러(Philip Kotler)는 지금의 변화를 다음과 같이 묘사한다.

"이전에도 변화는 있었다. 하지만 지금은 다르다. 월요일에 초우량기업이던 회사가 화요일에 갑자기 이상한 조짐을 보이기도 한다. 그걸 당장 감지해 해결하지 못하면 수요일에는 더 확대된 새로운 사건이 터진다. 그리고 다음 주쯤에는 회사가 만신창이가 되고 만다."

셋째, 에펠탑 효과(Eiffel Tower effect)를 활용한다. 이것은 처음엔 싫어하거나 무관심했지만 반복적으로 접하면서 호감도가 증가하는 현상을 말한다. 자주 보면 정들고 정들면 좋아지게 마련이다. 1889년 5월 프랑스는 프랑스 혁명 100주년 기념 만국박람회를 기념해 에펠탑을 건립했는데, 당시에는 프랑스 국민의 반대가 아주 심했다. 그래서 20년간 한시적으로 운영한다는 조건을 달았으나 막상 20년이 지나니 사람들에게 친숙해지면서 오늘날까지 관광 명물로 남게 되었다. 여기에서 파생된 용어가 에펠탑 효과다. 이것을 '친숙성 원리(Familiarity Principle)'라고 부르기도 한다.

에펠탑 효과는 기업 마케팅에도 적용할 수 있다. 처음에 고객이 다소 거부 반응을 보이더라도 반복해서 커뮤니케이션을 시도해야 한다. 직접 만나거나 이메일을 보내고 동영상으로도 커뮤니케이션을 해야 한다. 그러다 보면 에펠탑 효과가 나타난다. 이와 관련해 ABB의 퍼시 바네빅(Percy Barnevik) 회장은 이렇게 강조했다.

"정말 중요하다고 생각하는 일은 모든 사람의 뇌리에 새겨지도록 100번이고 반복해야 한다."

이는 모르는 사람을 컨택하고 처음 보는 소비자를 대면해야 하는 직접판매 사업자가 참고할 만한 효과다.

2. 프로슈머가 초국가 소비자인 메가슈머로 진화

FTA 시대, 네트워크 무역 연구

네트워크 법칙의 변화는 무역에도 많은 영향을 미치고 있다. 세계 무역시장이 교역 네트워크인 FTA로 전환되면서 무역 자체가 네트워크 무역으로 바뀌거나 초연결 혁명 및 4차 산업혁명과 융합한 새로운 무역 사업모델이 속속 등장하고 있는 것이다.

네트워크 무역 사례로 요즘 뜨고 있는 해외 직판매, 한·중·일 3국간 글로벌 앱 스토어인 오아시스 프로젝트, 우버와 에어비앤비 같은 P2P 사업모델, 마윈이 추진 중인 e-WTP 등은 모두 네트워크 기반의 새로운 무역 사업모델들이다.

우선 네트워크 무역 사례로 해외 직구매와 직판매가 최근에 왜 갑자기 부상했는지 그 이유를 살펴보자. 한국소비자원에 따르면 FTA가 속속 체결되면서 온라인 쇼핑몰을 통해 외국 상품을 직접 구매하는 해외 직구족이 급증했다고 한다.

직 구매 확산, FTA 덕분

FTA가 품질에 미치는 영향
6월 25~29세 1350명 대상 설문조사.
단위: % (자료: 한국소비자원)

0.2 매우 나빠짐 / 5.9 나빠짐 / 46.4 보통 / 45.2 좋아짐 / 2.3 매우 좋아짐

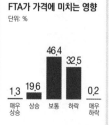

FTA가 가격에 미치는 영향
단위: %

1.3 매우 상승 / 19.6 상승 / 46.4 보통 / 32.5 하락 / 0.2 매우 하락

FTA가 소비자선택권에 미치는 영향
단위: %

0.1 매우 좁아짐 / 0.8 좁아짐 / 15.9 보통 / 73.0 넓어짐 / 10.2 매우 넓어짐

'관세 면제' FTA 날개 단 해외직구
FTA 확산 후 연평균 60% 증가
(한국소비자원 : 2015.10.19)

한국소비자원에 따르면 FTA가 속속 체결되면서 한국 소비자 가운데 온라인 쇼핑몰을 통해 외국 상품을 직접 구매하는 이른바 '해외 직구족'이 급증했다는 분석이다. 또한 관세청에 따르면 한·미 FTA가 발효되기 전인 2009년 220만 건이던 해외 직구 수입 규모가 2013년에는 2165만 건으로 10배. 연평균 증가율은 60%가량이나 된다. 수입 금액도 2009년 911억 원에서 2013년 5881억 원으로 연평균 48%씩 증가 했다. 국가 별로는 미국, 독일, 중국 순이고, 품목별로는 비타민 같은 건강기능 식품이나 곡물, 텔레비전을 선호했다. 해외에서 물품을 사게 되면 관세와 부가세 등을 내야 하지만 FTA를 통해 협정세율을 적용하게 되면서 8% 안팎의 관세가 면제되자 소비가 급증했다는 게 관세청 등의 분석이다. 정보가 많이 공개되면서 해외 물품에 대해 갖고 있던 막연한 불안감이 사라졌고, 가격 인하 효과를 직접 체감할 수 있게 된 것이 해외 직구가 급팽창하는 이유로 분석된다. (동아 : 2015.10.20)

관세청은 한·미 FTA가 발효되기 전인 2009년 220만 건이던 해외 직구 수입 규모가 2013년 2,165만 건으로 늘어 연평균 증가율이 약 60퍼센트라고 밝혔다. 해외 직구 수입 금액도 2009년 911억 원에서 2013년 5,881억 원으로 연평균 48퍼센트씩 증가했다.

그 이유는 해외에서 물품을 사면 관세와 부가세 등을 내야 하지만 FTA를 활용하면 8퍼센트 안팎의 관세를 면제받는 등

가격이 싸기 때문이라는 게 관세청 등의 분석이다. 쉽게 말하자면 해외 직구매와 직판매 증가는 모두 FTA 덕분이다.

직구매 같은 새로운 사업모델은 그 이면에 리드의 법칙 등 네트워크 법칙이 작동하면서 개인 간 거래임에도 불구하고 세계시장에서 규모의 경제를 이뤄 기존 경제를 뒤흔드는 파괴적인 사업모델로 성장했다. 이러한 네트워크 무역은 경쟁에 따른 제로섬(Zero Sum)[1] 게임이 아니라 상호 협력을 기반으로 한 플러스섬(Plus Sum) 게임을 하며, 서로 윈윈하는 이타적 공진화[2]라는 특성을 보인다.

하지만 아직까지는 네트워크 무역을 설명하는 이론이 제대로 확립되지 않았고 한창 연구가 진행 중이다. 예를 들어 광군제 사업모델은 현재 대학에서 가르치는 기존의 어떤 무역이론으로도 설명하기가 곤란하다. 새롭게 등장한 초국가 가치 소비자인 메가슈머도 마찬가지다.

다만 네트워크 법칙인 리드의 법칙과 카오의 법칙을 준용하면 네트워크 무역의 활성화를 일부나마 설명할 수 있다. 아울러 네트워크 무역 활성화에는 상품과 서비스, 자본, 인력 등 생산요소의 자유 이동을 확대하는 FTA의 효과가 추동력을 제공했음을 다시 한 번 강조하고 싶다. 또한 FTA 협정, 전자상거래 이론, SNS 이론 등을 접목하면 메가슈머의 출현도 어느 정도 설명할 수 있다.

프로슈머가 메가슈머로 진화

인터넷이 활짝 꽃을 피우던 10여 년 전만 해도 프로슈머라는 개념을 다방면에 활용했다. 이것은 인터넷상에서 생산자도 되고 소비자도 된다는 개념으로 생산 소비자 또는 참여형 소비자라고도 한다. 사실 프로슈머라는 용어는 세계적인 경영학자 앨빈 토플러(Alvin Toffler)가 1980년 《제3의 물결》에서 처음 사용했다.

그러나 프로슈머 출현은 필연이었다. 인터넷 활성화로 유통 흐름이 시대에 걸맞게 변화하고 있었기 때문이다. 과거에 구멍가게, 재래시장, 백화점, 할인점, TV홈쇼핑 등으로 발전하던 유통이 인터넷을 만나 전자상거래로 진화하면서 소비 형태가 변해가고 있었던 것이다. 이제 소비자들은 가격비교 사이트, 블로그, 직접판매 회사 등을 통해 저렴하고 질 좋은 상품을 구매하고 있다. 어느새 소비자들은 누구의 통제도 받지 않고 자신의 권익을 찾는 현명한 소비자, 즉 프로슈머로 변모하고 있었던 것이다.

여기에다 유통 시장에 빅뱅이 일어나고 있다. 다시 말해 국내에 머물던 전자상거래가 글로벌 시장으로 진출하면서 국경 간 전자상거래[3], 전자무역, 전자조달 등으로 발전하고 있다. 그런가 하면 제3장에서 살펴본 대로 페이스북, 유튜브, 카톡 등 SNS라는 기상천외한 소통 수단이 실시간으로 전 세계를 하나로 연결하더니 여기서 세계를 무대로 한 소셜 커머스라는 새로운 유통 형태가 탄생했다. 싸이의 성공이 대표적인 사례다. 특히 최근에는 글로벌 플랫폼 커머스라는 전무후무한 유통 형태가 또 탄생했다. 이들 덕분에 사실상 국경은 무너지고 무역과 유통, 물류의 구분도 무의미해졌다.

그렇지만 아직 이들이 세계시장을 하나로 연결하기엔 뭔가가 부족했는데 드디어 FTA가 나서서 그 미흡한 분야를 해결했다. 세계시장을 하나로 묶는 데 필요한 거래규범, 즉 협정·규정·절차·관세·결제·물류·분쟁 등 규범적인 문제를 FTA가 해결한 것이다. 이렇게 해서 세계를 무대로 하는 유통 빅뱅이 폭발하고 있다.

이제 국내에서 활동하던 프로슈머도 글로벌화하지 않으면 안 된다. 이들이 활동하는 시장 자체가 국내외의 구분이 사라지면서 프로슈머 활동에도 국경이 사라졌다. 자연스럽게 프로슈머는 국경과 국가를 초월해 소비와 생산을 겸하는 초국가 프로슈머, 즉 메가슈머로 진화하고 있다. 사실 광군제의 쇼핑 광풍은 244개 국가 이상에서 활동하던 메가슈머가 총출동해 일으킨 세기적인 이벤트였다.

3. 프로슈머 마케팅이 초국가 사업모델인 메가 마케팅으로 진화

 기존의 소비 습관을 바꿔 인터넷에서 직거래 쇼핑을 함으로써 믿을 만한 품질의 저렴한 제품을 신속하게 배달받은 프로슈머는 쇼핑금액의 일정 부분까지 돌려받아 품질, 납기, 가격, 환급 등 1석4조의 이익을 얻었다. 여기에다 자기가 소비하는 방식을 다른 사람에게 널리 알리면 전달받은 사람에게 소비 혜택을 주는 한편, 소개만 하고도 그 소비자가 아닌 판매자의 마진에서 일정 부분을 수당으로 받아 1석5조의 소비생활을 할 수 있다.

 이러한 프로슈머의 활동 방식을 프로슈머 마케팅이라고 한다. 프로슈머 마케팅은 초기의 인터넷을 활용한 프로슈머 활동을 일컫는데 지금은 인터넷은 물론 모바일, SNS, 앱스토어, 플랫폼 등 다양한 소통·채널을 활용해 프로슈머 활동이 이뤄진다. 나아가 사회적으로 집단지성, 공유경제 등에 기여하는 방향으로 발전하고 있다. 즉, 프로슈머 활동이 공급자와 소비자 간 경계를 허물고 소비자의 욕구를 제품 개발과 생산 및 유통 과정에 직접 반영함으로써 프로슈머가 '생산적 소비자'로 거듭나고 있는 것이다.

예를 들면 가전회사에서 주부참여단을 조직해 그들의 생활 경험을 제품 개발에 반영하거나 화장품 회사에서 소비자의 사용후기와 보완점을 듣고 그 의견을 생산에 반영하는 것이 있다. 이 현상을 두고 마케팅의 구루인 필립 코틀러는 "프로슈머는 특정 상품을 개발하거나 생산하는 과정에 실질적으로 더 크게 기여하고 싶어 하는 전문가"라고 소개했다.

더 적극적인 프로슈머는 소비활동과 사회기여를 접목해 공유경제에도 기여한다. 실제로 같은 비용으로 공유가치 창출이라는 감성적 만족까지 제공하는 기업의 제품 및 서비스를 구매하려는 소비자가 늘고 있다. 세계적인 식품기업 네슬레는 54만 명의 농부와 원자재를 직거래함으로써 농가 소득을 보장하고 기술력을 제공한다. 덕분에 고품질의 원자재를 안정적으로 확보해 좋은 제품을 생산하면서 사회에도 공헌하고 있다. 이것이 알려지면서 네슬레 상품을 선택하는 소비자가 대폭 늘어났다. 이처럼 사회에 기여하는 상품을 구매하는 프로슈머를 소셜슈머(Socialsumer)라고 부른다.

이같이 다양하게 진화하던 프로슈머 마케팅이 시대 변화에 따라 글로벌 시장으로 확장되고 있는데, 이를 메가 마케팅이라고 한다. 프로슈머 마케팅의 글로벌화는 크게 세 방향으로 전개되고 있다.

● 프로슈머 마케팅 자체의 글로벌화다.

많은 직접판매 업체가 해외시장에 진출하면서 사업자인 프로슈머도 진출국에서 파트너를 확보하고, 파트너의 프로슈머 활동을 지원하고 있다.

● 소비의 글로벌화다.

중국의 11월 11일 광군제, 미국의 11월 추수감사절 다음날부터 시작되는 블랙프라이데이처럼 전 세계 소비자가 일시에 초국가적 소비를 하는 방식이 대표적이다. 이 소비 글로벌화의 주인공이 바로 메가슈머.

● 집단지성의 글로벌화다.

최근 글로벌 기업들이 연구 활동에 개방형 연구개발인 C&D(Connect and Development, 연결개발) 방식을 활성화하고 있다. 이것은 전 세계 사람들의 아이디어나 지식, 기술 등 집단지성을 활용해 연구개발을 하는 형식이다.

예를 들면 세계 소비재 산업의 선두주자 P&G는 감자칩 '프링글스'에 그림을 새기는 기술과 식용 잉크를 내부에서 개발하지 못하자 글로벌 네트워크를 이용해 아이디어를 구했다. 그 결과 이탈리아의 한 작은 빵집에서 해답을 찾아낼 수 있었다. 현재 P&G는 신제품 아이디어의 35퍼센트를 외부에서 구하고 있는데, 신제품 개발 성공률이 과거에 비해 두 배 이상 증가했음에도 불구하고 개발 비용은 오히려 감소하는 성과를 거뒀다.

이처럼 프로슈머 마케팅의 글로벌화를 더욱 촉진하는 새로운 시장 메커니즘이 바로 FTA다. 메가 FTA, 복수국 간 협정으로 시장이 통합되고 제도적으로 동일한 거래조건을 보장받으면서 이제 프로슈머는 제도적 · 시장적으로 국경을 초월해 초국가 프로슈머 활동을 하게 되었다.

여기에다 거의 동시에 4차 산업혁명 시대가 다가와 빅데이터, 인공지능, 사물인터넷을 프로슈머 마케팅에 접목하면서 프로슈머 활동이 기술적으로도 시간 · 공간 · 장소 · 국경을 넘나들게 되었다. 드디어 메가 마케팅이 탄생한 것이다. 앞으로 FTA와 4차 산업혁명의 융합 시대에 직접판매 업계의 운명은 이 메가 마케팅에 달려 있다고 해도 과언이 아니다.

메가 마케팅은 이러한 유통 효과뿐 아니라 시대적 요청인 일자리 창출 효과도 낸다. 다음은 언론에 실린 기사 내용이다.

프로슈머 마케팅 소개 기사

프로슈머 마케팅, 젊은이들에게도 무한도전 기회의 장

프로슈머 마케팅은 뛰어난 역량을 지니고 있음에도 불구하고 이를 발휘하지 못하고 있는 수백만 명의 전업주부, 불안한 직장과 노후 걱정 때문에 잠을 못 이루는 수많은 직장인, 대자본의 힘에 눌려 점점 무력감을 느끼는 자영업자, 직장 은퇴 후 마땅한 경제활동을 하지 못하고 있는 퇴직자, 직장에 얽매이기보다는 자유로운 창업자의 꿈을 꾸고 있는 젊은이에게 '무한도전'의 장을 열어주고 있다.

이유인즉 프로슈머 마케팅은 인생의 전반전을 마치고 이제 막 '제2의 인생'이 시작되는 후반전에 돌입하려는 지금, 인생 역전의 드라마를 연출하고 싶어 하는 야심가들에게 최고의 기회를 제공하고 있다. "생각을 바꾸면 행동이 달라진다"는 말처럼 현명한 소비를 하는 프로슈머의 미래는 밝다.

– 특허뉴스: 2011. 7. 5.

실제로 프로슈머 마케팅은 주부, 은퇴자, 실업자, 전역군인 등 우리 사회의 약자들이 무자본으로 창업해 스스로 일자리를 만들어갈 수 있는 사업이다. 사실 한국은 노령화, 저출산, 실업 증가, 산업 쇠퇴, 반기업 정서, 규제 강화, 노사분규 등으로 일자리를 만드는 동력이 상당히 위축된 상태다.

문제는 프로슈머 마케팅에 대한 인식 부족으로 프로슈머 마케팅으로 일자리를 만드는 것도 쉽지 않다는 데 있다. 그럼 어떻게 해야 할까?

여기서 기막힌 반전을 안겨주는 신의 한 수가 바로 메가 마케팅이다. 예를 들어 35억 명 시장인 RCEP과 그보다 더 큰 시장인 TISA에서 메가 마케팅이 가능해지면 좁은 국내를 벗어나 밖에서 무수한 일자리를 창출할 수 있다. 독립적인 1인 사업가인 IBO가 바로 프로슈머고, 그들이 초국가 프로슈머로 진화한 것이 메가슈머이기 때문이다. 메가슈머들의 활동인 메가 마케팅을 활성화하면 거대한 FTA 시장에서 IBO가 대거 일자리를 창출할 수 있다.

이것은 뜬구름 잡는 얘기가 아니라 실현 가능한 일이다. 단, 조건이 있다. TISA를 비롯해 FTA를 잘 알아야 한다! 이 새로운 국제규범을 모르면 국제시장에서 금융, 통신, 전자상거래, 물류, 유통 등을 거래하는 것이 곤란하다. 아니, 오히려 불이익을 당하기 십상이다.

4. 메가 마케팅 시장의 기회와 리스크

경제 분야에 "공짜 점심은 없다"는 말이 있다. 메가 마케팅의 비전이 아무리 가슴 뛰고 전망 좋은 블루오션일지라도 비용이 들어가고 그림자는 있게 마련이다. 어떤 기회가 있으면 항상 리스크도 있는 법이다. 그럼 TISA와 다자 FTA 시장에는 직접판매 분야에 어떤 기회가 있고 또 어떤 리스크가 있는지 살펴보자.

편의상 4차 산업혁명의 대표 상품인 IoT 사업을 추진하는 A사와 2차 산업혁명 시대 상품인 건강보조식품을 중국에 수출하는 B사가 TISA와 RCEP 시장에 진출한다고 가정해보자.

메가 마케팅 시장의 거대한 기회

먼저 기회를 살펴보면 다음과 같다.

● **시장이 확대된다.**
TISA 등의 복수국 간 협정이나 RCEP 같은 다자 FTA에 참여한 국가들은 교역 장벽을 허물고 시장을 통합한다. 이 경우 A사는 5,000만의 좁은 국내시장이 아니라 RCEP의 35억 명 혹은 이보다 더 큰 시장인 TISA에 내수시장처럼 진출할 수 있다. 사업가나 기업이 이 좋은 기회를 놓칠 리 있겠는가?

● **거래비용이 줄어든다.**

무릇 사업을 하려면 밑천이 있어야 한다. 그 밑천을 자금이라고 하는데 자금은 용도에 따라 둘로 나뉜다. 그것은 사업할 상품 및 서비스 마련에 들어가는 원금과 거래에 들어가는 비용이다. TISA나 FTA에서는 원가가 싸지므로 원금도 줄어들지만 특히 금융, 물류 등 다양한 거래비용을 획기적으로 줄일 수 있다. 이를 무역이나 FTA에서는 총요소비용을 절감한다고 말한다. 사실 FTA를 체결하는 이유 중 하나가 총요소비용을 절감하는 데 있다. 가령 FTA를 체결한 국가 간의 거래에서는 통관비용은 물론 인증비용, 마케팅비용, 세무비용, 법률비용, 금융비용, 구매비용, 생산비용, 물류비용, 보험비용 등의 절감이 가능하다.

● **국내의 엄혹한 규제를 벗어날 수 있다.**

한국의 많은 기업이 국내의 각종 규제에서 벗어나고자 해외로 탈출하고 있다. 심지어 전 세계에서 한국에만 있는 반기업적 규제도 많다. 이렇게 세계시장과 동떨어지고 시대에 뒤처지는 현상을 '갈라파고스 효과'[4]라고 한다. 국내 직접판매 분야에도 갈라파고스 규제가 많은데 너무 걱정 마시라. TISA나 FTA가 활성화되면 완화될 것이다. 한국이 TISA나 FTA에 참여하면 글로벌 표준을 따라야 하므로 한국적인 갈라파고스 규제는 통하지 않는다. 그러니 자신 있게 해외로 진출하라.

● 수많은 소비자를 확보할 수 있다.

이 부분에서 직접판매 사업자들은 흥분할지도 모른다. 국제시장에서 수많은 소비자를 확보하고 또 파트너들도 많은 사업자를 확보할 수 있으니 어찌 흥분하지 않을 수 있겠는가. 어떻게 하면 TISA나 FTA 시장에서 많은 소비자를 확보할 수 있을까? 여기에는 사전 준비가 필요하다. 이것은 5장에서 자세히 살펴본다.

● 다양한 사업모델을 발굴할 수 있다.

이것은 돈벌이 수단이 늘어난다는 의미다. 가령 TISA에는 50여 개 이상의 국가가 참여한다. 각 나라에는 저마다 고유의 법, 제도, 규제, 정책 등이 있다. 이처럼 나라별로 존재하던 규범이 동일한 기준으로 통합되는 것이다. 또한 정부 인허가나 등록, 인증, 마크, 평가 등도 통합된다. 그 과정에서 통신, 금융, 물류, 환경, 에너지, 정부조달, 유통 등 개방이 예상되는 분야는 물론 이들과 IoT를 융합한 다양한 사업모델도 발굴이 가능해 수많은 기회가 열릴 전망이다.

● 자연인 이동이 큰 무기가 될 수 있다.

자연인 이동 허용은 서비스 분야를 개방할 때 서비스 제공자도 자유롭게 이동이 가능하다는 의미다. 사실 음악가 조수미, 축구선수 손흥민이 외국에서 자유롭게 활동하는 것도 해당 분야의 자연인 이동을 허용했기 때문이다. 한데 이 자연인 이동은 쉽지 않은 문제다. 외국 인력이 아무 제약 없이 자유롭게 국내에 들어오면 일자리, 범죄, 테러, 종교, 질병, 정치적 문제 등 후폭풍이 간단치 않기 때문이다. 이에 따라 각국은 엄격한 자격 관리, 비자 관리, 출입국 관리, 질병 관리, 외국인 관리 등을 시행하고 있다.

만약 TISA에서 현재 논의 중인 자연인 이동을 허용하면 50여 개 이상의 국가에 일정한 허용 기준을 갖춘 자연인이 국내에서처럼 자유롭게 이동이 가능해진다.

예를 들어 TISA에서 IoT 서비스의 일정한 자격을 갖춘 사람의 자유로운 이동을 허용하면, 국내의 IoT 인력은 물론 대학에서 IoT를 공부하는 학생들의 취업은 식은 죽 먹기일 것이다. 왜냐하면 한국이 국제 IoT 표준을 주도하고 있기 때문이다. IoT 전문기업인 A사는 IoT 인력을 활용해 50여 개 이상의 나라가 참여한 TISA의 IoT 시장을 선점할 수 있는 것이니 충분히 흥분해도 좋다. 이 외에도 전자상거래, 물류, 에너지 등 기회는 무궁무진하다. 다만 모르고 있을 뿐이다.

메가 마케팅 시장의 치명적인 리스크

메가 마케팅 시장의 기회가 거대하면 할수록 리스크 역시 치명적이다. 이번에는 건강보조식품을 중국에 수출하는 B 기업을 가정하고 향후 다가오는 리스크를 살펴보자.

● **마인드 전환 실패다.**

마인드 전환 실패는 가장 중요한 리스크다. 해외진출을 노리는 사람은 대개 국내에서 어느 정도 성공한 사업가인데, 그러다 보니 국내시장과 마찬가지의 사고방식으로 해외시장에 도전한다. 사실 그런 마인드로는 백발백중 실패하고 만다. 기업의 글로벌 마인드, 그중에서도 CEO의 마인드 전환이 가장 중요하다는 결론을 내린 이유가 여기에 있다.

글로벌 시장으로 진출하려면 가장 중요한 것이 열린 마인드와 도전정신이다. 여기에다 소통 능력을 갖춰야 하고 글로벌 표준을 준수해야 하며 무엇보다 현지를 잘 알아야 한다. 최근에는 안전, 에너지, CSR(기업의 사회적 책임), 공정거래 등 지속가능 요건 대응도 필수요소다. 나아가 FTA 체결국에 진출할 경우에는 FTA를 이해하고 협정문을 반드시 준수해야 한다. 이 모든 사항에 열린 자세로 임하지 않으면 필패할 수밖에 없다.

● 소비자 보호다.

소비자 보호에 관심을 기울이지 않을 경우 치명적 리스크가 될 수 있다. 최근 독일 자동차 업체 폭스바겐이 디젤 자동차의 배출가스를 조작한 혐의로 미국 소비자에게 총 147억 달러를 배상하기로 합의한 사건은 소비자 보호의 무서움을 알려주는 좋은 사례다. 특히 B사의 화장품은 민감한 피부와 연관되며 여성들의 반응이 날카롭고 파급력도 크다. 이제 글로벌 시장에서 소비자 보호에 실패하는 기업은 바로 퇴출될 우려가 있다. 따라서 진출국의 소비자 보호 조항을 비롯해 FTA나 TISA 등에서 규정하는 소비자 보호 조항을 준수하는 한편 사회기여 차원의 소비자 보호 활동이 필요하다.

● 규범 준수다.

소비자 보호 규범 준수는 물론 각국이 자국 시장을 보호하기 위해 설정한 각종 규제, 인증, 허가, 규격 등 이른바 시장진입 조건 관련 규범 준수는 매우 중요하다. 이를 위반하면 시장진입 자체가 불가능하기 때문이다. 또한 각종 서비스 시장 보호 조치도 매우 까다롭다. 한국도 외국에서 볼 때 교육, 의료, 건설 등의 시장에 진출하기가 하늘의 별 따기라고 한다. FTA 체결로 많이 완화되었지만 FTA 협정상의 서비스 개방 조건도 상당히 까다롭다. 그런 의미에서 직접판매 업체들이 해외에 진출하려면 철저한 규범 연구가 필요하다.

● 물류의 함정이다.

물류란 상품을 소비자에게 전달하는 과정을 말한다. 이 물류는 국가, 지역, 종교, 정치, 사회, 자연 등의 요소에 따라 다르고 또 매우 민감하다. 가령 동남아 시장에서 물류는 종교에 조심해야 한다. 종교 분쟁 지역에 잘못 들어가면 몇 달씩 지체될 수도 있으므로 주의할 필요가 있다. 또 인도네시아, 필리핀 등에서는 고객이 정기항로를 벗어난 지역이나 섬에 있을 때 유의해야 한다. 잘못하면 물류비용이 몇 배 더 들 수 있다. 특히 인도네시아와 말레이시아 사이의 좁고 긴 수로인 말라카 해협을 지날 때는 해적을 조심해야 하므로 물류 안전 비용이 더 소요될 수 있다.

● 환경보호 문제다.

환경 분야는 파리협정에서 살펴본 것처럼 기후 변화와 함께 점점 더 강화되고 있기 때문에 국제시장 진출 시 필수요건이라고 할 수 있다. FTA에서는 더욱 필수사항이다. 실제로 최근 선진국 업체에 납품하는 제품과 부품에 신재생에너지 사용을 필수로 요구하는 경우도 있음을 유념해야 한다.

● 나고야 의정서에 대비해야 한다.

원료의 상당 부분을 수입하는 B사 같은 화장품을 비롯해 건강보조식품, 바이오, 제약, 한방, 농업 분야 등에서는 앞으로 나고야 의정서를 모르면 수출 중단이라는 직격탄을 맞

을 수 있다. 이 문제는 매우 중요하므로 그 대응 방안을 제5
장에서 구체적으로 살펴보기로 한다.

● 종교인증에 주의해야 한다.

특히 할랄인증은 18억 명의 무슬림이 먹는 음식·음료
수·육류뿐 아니라 화장품, 의약품, 건강보조식품 등에 필
수적인 종교인증이다. 이슬람 율법에 따른 절차적 인증을
받지 않으면 수출은커녕 큰 낭패를 볼 수 있으니 이슬람 국
가는 물론 무슬림이 있는 중국에 건강보조식품을 수출할 때
는 유의해야 한다. 또한 안전식품임을 입증해주는 유대인
랍비가 인증하는 코셔인증도 적극 활용해야 한다.

이 외에 검역, 안전, 기술, 통관, 세무, 특허, 검증 등 FTA
시장에 진출하려는 기업들이 넘어야 할 산은 많고도 많다.
또한 FTA마다 다른 리스크도 극복해야 한다. 편의상 A사,
B사로 분류하였을 뿐 이것은 사실 해외로 진출하고자 하는
모든 기업과 사업자에게 해당되는 사항이다.

그렇다고 너무 걱정할 필요는 없다. 이러한 리스크는 한
국 기업뿐 아니라 전 세계 모든 기업이 국제거래에서 감내
해야 할 거래비용이다. 단, 우리가 그들보다 FTA를 더 잘 알
면 그들보다 경쟁우위에 설 수 있다.

앞으로는 내수시장에 집중하는 기업도 FTA에 따른 시장

통합으로 다양한 리스크를 감내해야 한다. 지금까지 내수시장에 안주해온 기업, 국경의 보호막으로 혜택을 본 기업, 정부의 지원으로 살아온 기업은 앞으로 치명적인 리스크에 노출될 수 있다. 이제 스스로의 경쟁력으로 생존해야 한다.

MEGA

메가 마케팅 성공 전략,
경계선이 무너진 곳에
꽃이 핀다

4차 산업혁명 시대 직접판매 사업 근로법 지침서 **메가 마게딩**

marketing

초국가 시장,
초국가 소비자,
초국가 유통

메가 마케팅

1. 직접판매 사업의 성공 DNA는 무엇인가?

사랑의 옥시토신으로 사업하기

옥시토신(Oxytocin)은 사람을 비롯해 다양한 동물의 뇌하수체에서 분비되는 호르몬이다. 옥시토신이 혈류에 분비되면 안고 싶은 충동이 일어나고 사랑하고 싶어진다고 해서 옥시토신을 '사랑의 호르몬'이라고 부른다.

직접판매 분야에서는 특히 옥시토신이 큰 역할을 한다. 파트너가 잘되어야 스폰서가 잘되는 직접판매의 시스템 자체가 기분 좋은 사랑을 느끼게 해주기 때문이다. 실제로 직접판매에서 스폰서는 파트너가 성공하도록 적극 지원해야 한다. 그것도 진심으로 사랑을 담아 그렇게 해야 한다. 파트너를 진심으로 대하는 사랑에는 옥시토신이 필요하다.

모든 직접판매 분야의 스폰서와 파트너가 서로 사랑하면서 사업을 펼칠 때 시너지 효과가 나고 함께 성공의 길로 갈 수 있다. 아래 자료는 학술적으로 입증된 옥시토신의 효과이므로 사업에 적용해보길 바란다.

사랑과 신뢰의 호르몬, 옥시토신

간단한 수수께끼부터 먼저 해보자. 아빠보다 엄마에게 훨씬 더 많은 것. 고양이보다 개에게 훨씬 더 많은 것. 연인과 헤어진 사람보다 사랑에 빠진 사람에게 훨씬 더 많은 것. 인색한 구두쇠보다 후한 기부자에게 훨씬 더 많은 것. 그것은 과연 무엇일까? 정답은 옥시토신이다.

옥시토신은 호르몬의 일종으로 사랑의 호르몬이라고도 한다. 옥시토신의 또 다른 기능 중 하나가 신뢰와 사회성을 조절하는 일이다. 옥시토신 분비가 늘어나면 낯선 사람에게 말을 잘 걸고 쉽게 신뢰하며, 애착관계를 형성하는 데 도움을 준다고 한다.

지난 2005년 미국 클레어몬트대 대학원의 신경과학자 폴 잭 교수는 "옥시토신 분비가 늘어나면 상대방을 신뢰하고 말도 쉽게 믿는다"는 사실을 밝혀내 저명한 과학저널 〈네이처〉에 논문을 발표했다. 폴 잭 교수는 옥시토신에 안정감과 유대감, 상대방에 대한 신뢰 등을 높이는 효과가 있다고 지적하며 서로 믿고 의지하고 안정감을 느끼는 이유가 여기에 있다고 주장했다.

독자 여러분도 폴 잭 교수의 실험을 응용하면 파트너 확보 활동에 도움을 받을 것이다. 예를 들어 아파트 단지에 가서 파트너를 구할 때

입주 가정 중 출산했거나 임신한 지 3년 이내 전업주부가 사는 집을 골라 마케팅 활동을 하면 세 배 이상 성공 가능성이 높다. 이제 영업도, 마케팅도 경영학보다 신경과학을 잘 알고 행해야 더 효율이 높아진다는 사실에 주목하자.

독일 본 대학병원 정신의학 클리닉 니나 마시 연구팀은 옥시토신이 많을수록 생계가 어려운 사람을 도와주고 싶은 마음이 커진다는 연구 결과를 발표했다. 옥시토신 수치가 높은 사람이 낮은 사람에 비해 훨씬 더 기부하고 싶은 마음이 크다는 것이다. 옥시토신이 사회성을 높이고 다른 사람을 돕고자 하는 마음을 유발한다는 것을 단적으로 보여주는 사례다.

2013 미국경제학회 연례총회에 참석한 폴 잭 교수는 '신뢰의 신경경제학'이라는 제목의 기조연설에서 "10여 년의 실험과 연구 결과 여성이 아이를 낳거나 모유를 수유할 때 분비되는 옥시토신 호르몬이 인간의 도덕성과 깊은 상관관계가 있음을 발견했다"라고 밝혔다. 그는 "더 놀라운 것은 단지 신뢰받는다는 느낌만으로도 옥시토신 분비가 증가한다는 점"이라고 말했다. 잭 교수는 이 같은 신뢰의 선순환이 기업이나 사회 전체로 확산될 수 있다고 말했다. 이어 그는 "신뢰가 많이 형성된 사회일수록 더 활발한 상거래가 일어나고 이는 번영으로 이어진다"라고 강조했다.

― 한국경제, 조선경제 기사 발췌: 2010. 0. 7.

성공과 실패의 갈림길, 그릿

그릿(Grit)은 사전적으로 기개, 투지, 용기 등을 뜻하며 때로 어떤 어려움이 닥쳐도 자신이 세운 목표를 향해 오랫동안 꾸준히 노력하는 능력을 의미한다.

한국인인 앤절라 더크워스 미국 펜실베이니아대학 심리학과 교수는 세계적인 지식 강연인 '테드(TED)'에 연사로 참여해 미국 방방곡곡을 찾아다니며 재계와 예술계, 체육계, 학계, 언론계, 법조계의 리더들을 조사한 결과를 밝혔다.

"성공할 거라고 평가받은 사람들에게는 한 가지 공통점이 있었다. 그것은 좋은 지능이 아니었고 좋은 외모나 육체적인 조건은 더더욱 아니었다. 그것은 바로 그릿이었다!"

그녀에 따르면 그릿은 때로 실패해도 좌절하지 않고 끊임없이 노력하는 마음의 근력이다. 즉, 성공과 실패의 갈림길이 바로 그릿이다. 더크워스 교수는 "그릿이란 목표를 향해 오래 나아갈 수 있는 열정과 끈기"라고 강조한다.

그릿을 우리식으로 쉽게 해석하면 성취욕이 있는 사람의 열정과 끈기라고 할 수 있다. 어디서 많이 들어본 말이 아닌가? 이것은 직접판매 업계가 늘 강조해온 성공 비결과 정확히 일치한다. 직접판매 분야의 성공 원칙은 비전과 사랑, 열정, 끈기다. 그 직접판매의 비전은 메가 마케팅과 옥시토신으로 그 나름대로 이미 답을 내놓았다. 나머지 성공요소인 열정과 끈기는 더크워스 교수의 그릿에서 답을 찾을 수 있다. 이제 그릿을 키우면 성공의 길로 한 발 더 다가갈 수 있을 것이다.

그릿을 키우려면 어떻게 해야 할까? 일단 더크워스 교수의 이론을 살펴보자. 그녀는 그릿의 중요성을 알기 쉽게 설명하기 위해 '성공 = 기량 × 노력 = (재능 × 노력) × 노력'이라는 방정식을 제시했다. 즉, 성공 = (재능 × 노력) × 노력 = 재능 × 노력^2 (노력의 제곱)으로 정리할 수 있다. 결국 그릿의 현실적 결정체인 노력을 경주하지 않으면 아무리 재능이 있고 기량이 뛰어나도 성공하기 어렵다.

어떻게 노력을 해야 하느냐고? 더크워스 교수는 그릿을 기르는 방법을 4단계로 밝히고 있다.

그릿을 기르는 방법 4단계

- 1단계: 자기 관심사에 대한 열정을 따른다.
- 2단계: 엄청난 연습을 한다.
- 3단계: 더 높은 목표의식을 갖는다.
- 4단계: 어떤 난관도 뚫고 나갈 희망을 품는다.

결국 성공에 왕도는 없다. 자기만의 비전을 세우고 꾸준히 노력하는 수밖에 없다!

우분투 정신으로

우분투(UBUNTU)는 아프리카 반투족 말로 "네가 있기에 내가 있다(I am because you are)"라는 뜻이다. 즉, "우리가 존재해야 나도 존재한다"는 말이다. 이것은 줄루족과 코사족 등 수백 개 부족이 서로에 대한 존중과 사랑을 전하는 인사말이라고 하는데, 아프리카를 나타내는 상징적 정서라고 할 수 있다.

이 우분투는 어느 인류학자가 아프리카 한 부족의 아이들에게 게임을 하자고 제안하면서 알려졌다. 그것은 근처 나무에 아이들이 좋아하는 음식을 매달아놓고 먼저 도착한 사람이 그것을 독식하게 하는 게임이었다. 시작을 알리는 신호가 울리자 아이들은 뛰어가지 않고 모두 손을 잡고 가서 그것을 함께 먹었다. 인류학자는 "한 명이 먼저 뛰어가면 다 차지할 수 있는데 왜 함께 갔지?" 하고 물었다. 아이들은 우분투라고 외치며 "다른 사람이 모두 슬픈데 어떻게 한 명만 행복해질 수 있나요?"라고 대답했다고 한다. 뭔가 쿵 하는 울림이 있지 않은가?

2014년 용인의 한 초등학교 운동회에서 아이들이 우분투 정신을 발휘해 많은 사람의 심금을 울렸다. 운동회 달리기에서 늘 꼴찌를 도맡아온 장애인 친구를 위해 네 명의 친구가 장애인 친구의 손을 잡고 함께 달려 나란히 1등을 한 것이다. 연골무형성증이라는 질병으로 지체장애 6급인 그 아이는 친구들의 손길에 결국 눈물을 터트렸다.

꼴찌 없는 운동회 사진

아프리카에는 "빨리 가려면 혼자 가고, 멀리 가려면 함께 가라"는 속담도 있는데 이것도 우분투 정신이 깃든 공생 전략이다. 혼자보다는 무리와 조화를 이루며 상생하는 것이 더 유리하다는 말인데, 이는 현재와 같은 경쟁 시대에 다시금 우리 자신을 돌아보게 만드는 성공 논리다. 사람은 아니지만 무리를 지어 하늘을 나는 기러기들이 그 대표적인 사례다.

잘 알고 있듯 기러기는 V자 대형을 이뤄 날아가는데 그러면 맨 앞의 기러기 날갯짓에 뒤에 오는 기러기가 71퍼센트의 부력을 얻는다고 한다. V자의 맨 앞에서 나는 기러기가 방향을 잡고 대오를 이끄는 리더인데 그 새가 지치면 맨 뒤

로 가고 자연스럽게 한 줄씩 자리를 바꿔 리더 역할을 하면
서 비행을 계속한다. 또 맨 앞에서 나는 새의 속도가 조금씩
떨어지면 격려해주고 경각심을 불러일으키기 위해 '꺼억 꺼
억' 소리를 낸다. 새들이 늘 무리지어 다니는 이유는 혼자가
아니라는 안정감 덕분에 혼자서 날아갈 때보다 70퍼센트
정도 더 오래 날 수 있기 때문이다.

더 흥미로운 것은 기러기들이 사용하는 언어에는 언제나
긍정과 응원의 힘이 서려 있다는 점이다.

"그래, 잘하고 있어. 조금만 더 가면 되니까, 힘내! 네 옆
엔 우리가 있잖아."

인간 사회에도 이러한 격려와 자극과 협력이 필요하다.
그것을 실천하는 대표적인 사업이 직접판매 사업이다. 이
사업에서는 내가 성공하려면 먼저 주변 사람들이 성공하도
록 적극 도와야 한다. 이것이 함께 성공하는 상생의 지름길
이자 우분투 정신이다. 리더가 사랑으로 앞장서고 파트너가
신뢰로 따르는 사업모델, 옥시토신과 그릿과 우분투가 살아
있는 사업이 바로 직접판매 사업이다.

2. CSV 전략으로
   소비자의 마음을 훔쳐라

CSR보다 진화된 개념 CSV

공유가치 창출을 의미하는 CSV(Creating Shared Value)가 요즘 기업들의 화두로 떠오르고 있다. 어쩌면 CSR(Corporate Social Responsibility, 기업의 사회책임)은 많이 들어봤어도 CSV는 생소할지도 모른다.[1] 그러면 CSV가 무엇이고 CSR과 어떤 차이가 있는지 알아보자.

CSR과 CSV의 차이

구체적으로 CSV가 기존의 CSR과 어떻게 다른지 한 가지 실례를 살펴보자. 개발도상국 농부들에게 더 많은 수익을 보장한다는 취지로 생긴 '공정무역(Fair Trade)' 활동이 있다. 이는 후려치지 않고 공정하게 무역을 한다는 말이다. 예컨대 공정무역 커피는 일반 커피보다 보통 10퍼센트 비싸게 구매해주는데 이것이 전형적인 CSR 활동이다. 그러니 이것만으로는 현지 농부들의 삶이 크게 변하지 않는다. 기업의 입장에서도 양질의 원재료를 다량으로 확보하기가 힘들다.

그런데 다국적 식품회사 네슬레는 아프리카 코트디부아르의 코코아 생산, 인도의 우유 생산 과정에서 자사의 새 품종과 농사짓는 기술, 가공 기술 등을 현지 농부들에게 전해주었다. 그러자 현지 농부들의 수입이 300퍼센트 가량 늘어났고 네슬레도 양질의 원료를 다량 안정적으로 확보할 수 있었다. 이같이 사회와 기업 모두에게 이익을 주는 좋은 혁신을 하자는 것이 CSV다.

– 한국거래소 신창균: 2016.

쉽게 말해 CSR은 기업이 돈을 벌고 나서 여유가 있을 때 사회공헌 차원에서 이웃돕기, 고아원 기부, 수재의연금 기부 등의 선한 행동을 하는 것으로 기업의 이익창출과 무관하다. 반면 CSV는 사회적인 선한 행동이 기업의 수익과 연계되어 경제적 가치와 사회적 가치가 조화를 이루고 기업이 지역 공동체 등과 상생 가치를 창출한다.

1960~1970년대만 해도 기업의 목적은 수익창출이었으나 차츰 사회가 발전하면서 고객욕구 및 의식이 변하고 글로벌화의 진전으로 해외기업의 사회공헌 사례를 접하면서 우리 사회도 기업의 사회적 책임을 요구하기 시작했다.

국제적으로도 세계표준을 정하는 ISO(국제표준화기구)에서 ISO26000이라는 CSR의 국제표준을 제정했다. UN도 글로벌 콤팩트(Global Compact)라는 CSR 기준을 정해 전파하고 있다. 인도에서는 FTA와 CSR을 결합해 인도에 진출한 외국 기업이 3년간 일정수익을 내면 무조건 CSR을 이행하도록 하는 법률을 만들었다. 최근 한국에서 늘어나고 있는 사회적 기업도 CSR을 사회와 접목한 사례다.

반면 CSV는 2011년 1월 하버드 대학의 경영학자 마이클 포터(Michael Porter)가 제안한 개념으로 일명 CSR 2.0이라고 부른다. 최근 기업들이 CSR보다 CSV를 많이 추진하는 주된 이유는 세 가지다.

- 고객과 사회가 기업의 사회적 기여를 더 요구한다.
- 국제사회도 기업의 적극적인 사회기여를 요구하는 쪽으로 규범을 정하고 있다.
- 기업들도 장기적 관점에서 사회적 기여를 투자로 인식하고 있다.

CSV로 소비자의 마음을 훔치는 법

어떻게 해야 CSV로 소비자의 마음을 울릴 수 있을까?

● 규범을 잘 지킨다.

법, 규제, 기업원칙, 윤리경영 등 책임 있는 비즈니스 규범을 준수하는 것이 무엇보다 중요하다. 최근 세계적인 기업들이 규범을 준수하지 않아 수십 년간 쌓아온 명성과 신뢰를 하루아침에 잃거나 막대한 손해를 보고, 시장에서 사라지는 사례를 반면교사로 삼아야 한다.

● 자신이 잘할 수 있는 사업에서 CSV를 실천한다.

가령 국내의 엔씨소프트는 자신의 주된 사업 영역에서 CSV를 적극 추진하고 있다. 이들은 핵심 사업인 게임에서 공유가치 창출을 위해 '기능성 게임'을 활용했다. 기아퇴치용 공익게임 '프리프라이스'는 정답을 맞힐 때마다 기본 10톨의 쌀알을 적립해 전 세계에 굶주린 사람들에게 식량을 기부할 수 있다.

● 진정성을 가지고 CSV를 실천한다.

미국 캘리포니아에 본사를 둔 '탐스 슈즈(Toms Shoes)'는 팔려 나가는 신발 수만큼 제3세계 어린이들에게 신발을 기부하는 일대일 기부 정책(One for One)을 모토로 창업해 '착한 소비'를 이끈 대표적인 회사다. 탐스는 맨발로 다니는 가난한 아이들에게 신발을 신겨줌으로써 질병을 예방해 이들이 건강하게 학교에 다니게 했는데, 소비자들은 착한 사업에 참여한다는 뿌듯한 기분으로 기꺼이 탐스의 신발을 샀다. 전 세계가 착한 마케팅에 보낸 호응과 소셜 미디어의 입소문을 통해 탐스 슈즈는 크게 성공했다.

● 사회적 약자층과 공생사업을 한다.

소상공인, 자영업자, 1인 기업, 실버 창업자, 전통시장 상인 등 상대적으로 소외된 계층을 도우면서 사업을 할 수 있는 분야도 꽤 많다. 예를 들어 SK텔레콤은 서울의 중곡 제일시장과 협조해 자사 고객 데이터베이스로 스마트폰에 전단을 뿌리고 가입자를 대상으로 상품권이나 쿠폰을 제시하는 등 전통시장과 상생한 덕분에 ICT 솔루션 기술의 활용도를 검증하고 브랜드 이미지도 높일 수 있었다.

● 사회적 약자층에게 희망을 주는 일을 한다.

우리 사회의 아픈 곳을 잘 살펴보면 소비자의 가슴을 먹먹하게 만들 수 있는 분야는 많다. 청소년, 독거노인, 희귀병 환자, 실업자, 노숙자, 장애인, 조손 가정, 고령 농가, 치매 노인, 정신질환자, 사회 의인 등 우리 사회에는 아직도 많은 아픔이 있다. CSV는 이들에게 희망을 주는 좋은 일을 하면서도 기업에 이익이 되는 좋은 전략이다. LG는 사회 의인 돕기, 협력 업체 지원 등 국내는 물론 2013년부터 아프리카 에티오피아에 대기업 최초로 사회공헌 활동에 초점을 둔 해외법인을 설립해 자사의 핵심 역량과 주민들의 자립 의지를 결합한 활동을 펼치고 있다. 그 결과 아시아 CSR 랭킹위

원회가 실시한 '제1회 아시아 CSR 랭킹 조사'에서 한국 기업 중 LG전자가 1위를 차지했다. 좋은 일로 착한 기업이라는 명성과 기업 브랜드 가치를 올리는 성과를 거둔 것이다. 이같이 CSV는 정부나 공적 분야에서 모두 치유할 수 없는 사회의 아픈 곳을 기업이 지원함으로써 기업의 일방적인 희생 없이 모두가 상생하는 탁월한 전략이다

● **국제적인 착한 기업의 이미지를 쌓는다.**

가장 좋은 방법은 UN이 주도하는 글로벌 콤팩트에 가입하는 것이다. 글로벌 콤팩트에 가입하면 UN의 세계적인 영향력에 접근성을 확보하고 정부, 기업, 노동 등과 지속적인 만남이 가능하다. 또한 기업 및 브랜드 가치, 직원의 사기와 생산성 향상을 비롯해 세계의 글로벌 콤팩트 회원들과 지식·경험을 공유하는 등 효과가 다양하다. 무엇보다 UN이 인정한 착한 기업 이미지와 전 세계 회원사, 단체, 대학, 기관과 교류 및 사업이 가능하다는 것이 강점이다.

이 모든 활동이 일반기업에게만 해당되는 것은 아니다. 이미 실천하는 기업도 있지만 직접판매 기업 역시 국민과 소비자에게 사랑받는 신뢰를 나양하게 펼칠 수 있다.

3. 화장품·건강보조식품 업계,
   저승사자 나고야 의정서에 대비하라

화장품 이익의 10퍼센트 중국에 납부 비상

최근 나고야 의정서 때문에 화장품, 바이오, 건강보조식품 등의 기업이 당황하고 있다. 사실 이것은 이미 몇 년 전부터 경고가 있어온 일이다. 실은 한·중 FTA 협정문의 지식재산권 항목에 나고야 의정서가 포함된 까닭에 여기에 미리 대비를 했어야 마땅하다. 한데 사전준비를 마친 중국이 입법 예고라는 칼을 빼들 때까지 많은 기업이 손을 놓고 있다가 뒤늦게 호들갑을 떠는 모양새다.

나고야 의정서란 유전자원으로 등록된 화장품·바이오·건강보조식품·제약·한방·농업 등의 원료를 수입해서 사용할 때 수입대금을 지급하고 자원보유국가 정부의 허락을 받는 동시에 수익의 일부, 즉 사용료를 지불해야 하는 강제이행 협정이다. 이 나고야 의정서가 한·중 FTA 지적재산권 항목에 들어갔기 때문에 이를 어길 경우 범죄행위에 해당한다.

한국지식재산연구원의 〈나고야 의정서 발효가 국내 바이오 산업에 미치는 영향〉 보고서에 따르면 해외 유전자원과 그 파생물을 원료로 이용하는 한국 제품의 비율은 의약품 분야 69.8퍼센트, 건강기능식품 69.3퍼센트, 화장품 43.7 퍼센트, 바이오 화학 및 기타 65.0퍼센트다. 그 원료의 절반 정도가 중국산이라 앞으로 춤은 한국 기업이 추고 돈은 중국이 버는 기이한 상황이 벌어질 우려가 있다.

중국 나고야 의정서 입법예고

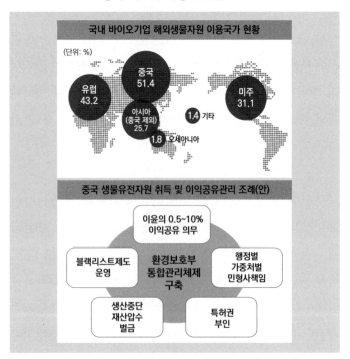

또한 환경부는 나고야 의정서 발효로 국내 기업이 추가로 부담해야 하는 비용이 연간 최대 5,000억 원에 이른다고 밝혔다. 대한화장품협회에 따르면 지금은 유전자원 물질을 사올 때만 돈을 내지만 앞으로는 지속적으로 수익을 나눠줘야 하는 상황이다. 물론 해당 국가 정부의 승인을 얻는 행정 부담까지 고려하면 비용은 더 클 것이다. 국내 제약·바이오·화장품 업계 등은 해외 유전자원을 원료로 제품을 생산하는 경우가 많아 사용료 상승뿐 아니라 자원수급 불안정, 연구개발 지연 등의 어려움도 겪을 것을 우려하고 있다.

실제로 조사를 끝낸 중국이 빼든 칼은 매섭다. 더구나 중국은 다른 나고야 의정서 협약 가입국보다 최대 열 배 높은 사용료 규정을 두고 있다. 브라질의 경우 사용료가 순수익의 1퍼센트이고, 인도·호주 등은 순수익의 0.2~3퍼센트인데 반해 중국은 0.5~10퍼센트로 최대 열 배나 많이 달라고 한다. 여기에다 나고야 의정서 위반 시에는 특허권 부정, 생산 중단, 재산 압수, 벌금, 행정법, 가중처벌, 민·형사 처벌 등 제재 조치가 무시무시하다.

나고야 의정서 대처 시급

이제 기업 간의 계약으로 자유롭게 원료를 수입해 사용하던 호시절은 끝났다. 더구나 중국은 기존의 희토류와 무역 규제 등을 무기로 한국을 압박하다가 이제는 사드에 이어 나고야 의정서를 무기로 한국을 압박할 것으로 보인다. 어떻게 하면 나고야 의정서에 대비할 수 있을까?

● **나고야 의정서와 FTA가 무엇인지 파악한다.**

화장품, 바이오, 건강보조식품, 제약, 한방, 농업 등 나고야 의정서와 직접 관련이 있는 기업체와 협회는 물론 정부와 해당 지원기관·대학·단체·연구소 등 지원 분야에 근무하는 임직원들이 나고야 의정서와 FTA를 필수적으로 공부해야 한다.

● **유전자원 보유 국가의 나고야 의정서 이행을 위한 정보를 파악한다.**

정부가 한국 기업에 필요한 원료를 보유한 국가들의 나고
야 의정서 실행을 위한 법령, 제도, 물질, 규제, 정책, 전략
등의 정보를 파악해 기업에 제공한다.

● 시급히 국내에서 대체재를 개발한다.

현재 해외에서 나고야 의정서에 속하는 원료를 수입해 사
용하는 업체와 원료를 철저히 조사해 국가 차원에서 연구비
를 투입하여 대체재를 개발해야 한다. 개별 기업들이 대체
재를 개발하기는 어렵기 때문이다.

● 유전자원을 가진 나라 기업과 합작한다.

공동 R&D든 공동생산이든 공동투자든 어떤 형태라도 좋
으니 합작해서 그 나라 정부의 예봉을 피해야 한다.

● FTA 협정에 반영해 요구조건을 완화한다.

양자 FTA에서는 서로 주고받기 협상을 할 대상이 많으므
로, 상대가 절실히 원하는 바를 어느 정도 들어주고 나고야
의정서를 완화해야 한다.

● 장기적으로 한국의 모든 동식물자원 · 전통자원 · 미생물 등 생물자원을 조사 · 발굴 · 연구한다.

한국이 원산지인 원료도 많다. 식물만 해도 개나리, 미선
나무, 거제딸기 등은 한국이 원산지다. 특히 미국에서 역수

입하는 미스킴라일락은 한국의 수수꽃다리를 개량한 것이고, 흔히 일본 꽃으로 아는 벚꽃나무의 원형은 한국의 왕벚나무다.

미국과 유럽을 막론하고 전 세계적으로 가장 많이 애용하는 크리스마스트리는 한국이 원산지인 구상나무다. 더 놀라운 것은 흔히 대두로 불리는 콩의 원산지가 한국이라는 점이다. 세계인의 주식이 된 밀 중에서 가장 병충해에 강하고 소출도 많아서 1970년 국제 맥류·옥수수연구소의 밀 책임 연구관이던 노먼 볼로그(Norman Bolaug) 박사에게 육종학자로는 처음으로 노벨평화상을 안겨준 그 유명한 밀도 1900년대 초 일본으로 유출된 한국의 앉은뱅이 밀이다.

이 외에도 나고야 의정서와 FTA를 아는 전문가 양성, 나고야 의정서의 영향을 받는 기업들에 대한 컨설팅, 관련 법규 정비 등 할 일이 아주 많다. 앞으로 한·중 FTA와 나고야 의정서를 모르고 중국에 진출하는 것은 무장해제를 당한 채 전쟁터에 들어가는 것과 같다. 직접판매 회사를 비롯해 모든 관련 업체가 정신을 바짝 차려야 한다.

4. 직접판매 분야의
초국가 사업모델을 발굴하라

국내 직접판매 사업모델의 한계

사업모델이란 한마디로 '돈 버는 방식'을 말한다. 이 돈 버는 방식을 만들려면 누가, 무엇으로, 어디서, 어떻게 돈을 벌어야 하는지 등 사업모델 구성요소를 연구해야 한다. 그 구성요소에 속하는 것으로는 상품(Product), 상품이 진입할 시장(Market), 상품을 판매할 고객(Customer), 상품 판매 통로인 유통 채널(Channel), 상품 판매를 도와줄 협력자(Cooperator), 돈 버는 수익모델(Profit Model), 상품 판매 조직(Company) 등이 있다. 아울러 사업 프로세스, 자원, 역량 등도 연구 및 준비해야 한다. 여러 구성요소 중에서 무엇보다 중요한 것은 바로 CEO의 마인드, 즉 사람이다.

그러면 이 같은 사업모델 구성요소를 기준으로 현재 국내 직접판매 업체들의 사업모델을 간략히 분석해보자. 공정거래위원회가 2016년도에 발표한 2015년 매출 상위 128개 직접판매 업체들을 중심으로 조사해보니 이들은 외형적으로 커다란 발전을 이뤘다. 128개 회사의 회원이 800만 명에 이르고 매출도 5조 1,500억 원을 넘어섰다. 한마디로 직접판매 업계 전체적으로 규모나 시장이 급속히 커졌다.

직접판매세계연맹 발표에 따르면 2015년 전 세계 직접판매 매출액은 전년보다 7.7퍼센트 늘어난 총 1,837억 2,900만 달러(약 216조 원)를 기록했다. 한국은 미국, 중국에 이어 세계 3위를 기록한 직접판매 강국이다. 이를 4인 가족 기준으로 계산하면 3,000만 명 이상, 3인 가정을 기준으로 해도 2,000만 명이 넘는 국민이 직·간접적으로 직접판매와 연관이 있다니 놀랍기만 하다.

그럼 사업 내용을 사업모델 구성요소를 중심으로 살펴보자.
우선 상품으로는 주로 화장품, 건강기능식품, 주방용품, 의류, 패션제품, 케어용품, 생활용품이 있고, 서비스로는 통신·교육·금융·방송 등이 있다. 업체는 주로 미국계 업체와 토종업체가 주를 이루고 있는데, 모두 국내시장 고객을 목표로 하면서 일부는 해외에 진출해 있다. 물론 외국계 대기업들은 상대적으로 다국적 네트워크를 구축한 까닭에 규모가 그리고 판매 방식은 온라인과 오프라인을 병행하고 있다.

수익모델은 매우 단순하다. 상품 판매와 서비스의 단순판매가 주를 이루고 여기에 교육과 출판·세미나·행사 등을 가미하고 있다. 기업 간 사업 추진 방식에도 별 차이가 없는데 한국계 업체는 온라인 쇼핑과 대면 확장, 프로슈머 마케팅 등에 의존하고 미국계 업체는 기본적으로 국내 업체와 마찬가지로 프로슈머 마케팅을 하면서 자국의 CEO나 스타 사업자를 내세운 스타 마케팅을 병행한다. CEO의 마인드나 대표이사 인사말, 비전, 경영방침 등을 분석해봐도 다수가 사업모델이라고 하기엔 미흡하고, 실제 사업 규모 · 마케팅 · 사업 형태 · 지원 시스템 등도 매우 열악한 형편이다. 심지어 생존조차 위태로운 회사도 많다.

이들 업체가 현재 전 세계적으로 진행 중인 4차 산업혁명에 대비하는 상황은 어떠할까? 결론적으로 말하면 매우 열악하다.

- 초연결 혁명에 몇몇 업체가 형식적으로 대비할 뿐 실질적으로는 거의 준비되어 있지 않다.
- 4차 산업혁명에는 거의 전무하다시피 할 정도로 대비가 미흡하다.
- FTA는 몇 개 기업이 명분상 내세우고 있으나 모두 형식적이다.
- 기후환경 혁명에도 대비가 열악하다.

제품별로 그들 나름대로 환경에 대비하는 모습을 보이고 있지만, 기후변화 협약과 FTA 협정의 환경규범을 따르는 업체는 거의 없다. 특히 거의 모든 업체가 화장품과 건강보조식품 등을 취급하면서도 나고야 의정서와 할랄인증을 알지 못한다. 이처럼 서비스, 정책, 사업 형태, 사업모델 등 모든 부문에서 4차 산업혁명 시대를 대비하지 못하고 있는데 TISA 등으로 사업 환경이 좋아지면 뭘 하겠는가?

사업모델 개발 필요

그럼 앞으로 어떤 사업모델을 만들어야 할까? 정확한 답은 없다. 다만 기술적으로는 4차 산업혁명에 따르면서 판매와 수출 등 시장 측면에서는 FTA 시장에 부합하는 초국가 사업모델을 만들어야 한다. 새로운 산업혁명으로 기술 간, 업종 간, 산업 간, 공간 간, 국가 간 장벽이 사라지면서 이제 국경을 전제로 한 사업모델은 소용이 없다. 특히 앞으로 국내시장용 모델은 점차 설 땅이 사라질 것이다. 왜냐하면 소비자가 국경에 관계없이 초국가 소비를 하는 메가슈머로 진화하고 있기 때문이다.

초국가 사업모델을 만들려면 어떻게 해야 할까? 물론 각 업체의 사업 특성을 반영해야 하겠지만 다음의 초국가 사업모델을 참고로 하는 것이 좋겠다.

● 한류 문화공연 수출모델이다.

〈비가비〉는 한국의 전통무술 태권도와 국악, 타악, 중국인이 좋아하는 무협 스토리텔링, 관객 참여 등이 어우러진 공연으로 국제적으로 인정받는 대표적인 한류 공연작품이다. 이 공연은 2014년 영국 에든버러 페스티벌 공연, 2014년 인천아세안게임 초청 공연, 2016년 브라질 리우 올림픽 문화행사 초청작품으로 국제적으로도 예술성·상품성·대중성 등을 인정받았다. 현재 중국 상설공연, 중남미 순회공연, 미국 특별공연, 아이티 공연 등을 초청받은 작품으로 충분한 지원이 이뤄지면 한국 관광의 다양성 확보 및 대중국 수출도 가능하다.

또 FTA 서비스 개방을 활용해 한류·한식 등과 함께 수출함으로써 K-공연의 대표적인 수출 상품화도 가능할 것으로 보인다. 사업모델 이론으로 분석하면 상품, 시장, 인력, 수익성, 브랜드 등의 구성요소는 확보했으므로 자금·조직·마케팅 등만 지원하면 초국가 사업모델로 손색이 없다.

● 해양 사업모델이다.

부산에만 연간 50~60만 명의 외항선원이 들어오고 전 세계적으로 수천만 명의 외항선원과 해양 산업 종사자가 있다. 이들이 배에서 먹는 음식·물·음료수·부식·곡물 등의 선식, 배에서 사용하는 화장지·화장품·비누·치약 등의 선용품, 볼트·너트·전구·와이어 등의 선구류, 청소,

수리, 선원 진료, 관광지 방문, 선원 정보, 항구 및 항로 정보, 기상 정보, 선박 정보 등을 통틀어 해양 서비스 산업이라고 한다. 그런데 부산의 해양 서비스 사업모델은 FTA를 기반으로 약 900개의 전 세계 시멘스 클럽(Seamans Club)[2]을 글로벌 체인화해 전 세계 원양 선박에 물품과 서비스를 무관세로 공급하는 사업모델이다.

이 사업모델은 e-Ocean = 물류 + FTA + e-Trade + Seaman's Club 모델로 기존 일본, 싱가포르, 네덜란드 등이 장악한 해양 서비스 시장에 한국이 FTA를 활용해 O2O 기법으로 과감히 도전장을 낸 사업모델이다. 이것은 초국가 사업모델로 상품, 시장, 인력, 기술, 브랜드, 수익성 등의 구성요소는 확보했으나 자금·조직·마케팅·협조자가 필요하다.

● FTA 교육 수출모델이다.

이것은 필자가 추진하는 FTA 블렌디드 러닝(Blended Learning)[3] 수출 모델로 현재 한국 기업뿐 아니라 독일 기업, 헝가리 기업, 중국 기업에 FTA 교육을 실시하고 있다. 특히 2015년 중국 정부의 초청을 받아 중국 기업인과 공무원들에게 FTA 강의를 한 바 있다.

FTA 블렌디드 러닝 사업모델은 FTA Blended Learning = FTA + e-Learning + Mobile + 교재 + Off-Line 강의 + Tutor 등으로 구성되어 있다. 그 목적은 O2O 교육 시스템

을 활용해 국내 기업을 대상으로 FTA 정보, 콘텐츠, 커리큘럼, 지식, 경험 등을 교육하고 해외로도 수출하는 데 있다. 이미 중국, 인도, 베트남, 러시아, 태국, 인도네시아 등에서 블렌디드 러닝 사업모델에 관심을 표하고 있는 상태라 수출 전망이 밝은 편이다. 이 모델을 사업모델 구성요소 측면에서 살펴보면 인력, 상품, 시장, 수익모델, 브랜드, 조직, 협력자 등은 갖춰져 있고 자금·마케팅 등의 요소를 철저히 준비하는 단계에 있다.

● 융·복합 신재생에너지 사업모델이다.

이 모델은 제2장에서 소개했듯 에너지 절감은 물론 탄소 제로, 미세먼지 제로, 오염 제로의 환상적인 에너지 시스템으로 이미 해외에서 많은 러브콜을 받고 있다. 그러므로 FTA 측면에서 지원하면 초국가적 수출모델로 적합하다. 다만 사업모델 구성요소 이론으로 살펴보면 인력, 상품, 시장, 기술, 브랜드, 수익모델, 협조자 등의 구성요소는 확보했으나 자금·조직·마케팅이 더 필요하다.

이 외에도 뷰티모델, 건설모델, 금융모델 등 다양한 초국가적 사업모델이 있다. 이것이 직접판매 분야와 무슨 관계가 있느냐고? 앞으로 그런 고지식하고 편협한 생각은 버려야 한다. 지금은 서비스가 상품 생산의 중간재로 투입되고 상품과 서비스가 서로 융합하며 서비스의 제조업화, 제조업의 서비스화가 이뤄지는 등 모든 것이 결합 · 복합 · 융합하고 있다. 더구나 FTA로 국경이 사라지고 국내외 시장이 통합되는 융 · 복합 시대다.

이제 기존처럼 국내시장에 안주하면서 화장품과 건강보조식품 등만 고집하는 시대는 끝났다. 이미 등장한 4차 산업혁명 기업과 국내에서 기존 제품에 매몰된 2차 산업혁명 기업이 게임이 되겠는가? 머지않아 국내 직접판매 시장은 4차 산업혁명을 이끌어가는 국내 토종업체와 외국계 거대 업체로 시장이 양분될 것으로 보인다.

5. 13조 달러의 거대한 엘도라도, B2G 시장을 공략하라

거대한 정부조달시장 개봉 박두

직접판매 업체들이 잘 모르는 엄청나게 거대한 시장이 있다. 그것은 정부조달이라고 하는 B2G 시장이다. 그러면 정부조달시장을 구체적으로 살펴보자. 정부조달은 각국이 자국의 국방·교육·보건·SOC 등을 위해 정부기관이나 공공기관, 국제기구 등이 사용하는 물품 및 서비스를 조달하는 것을 말한다.

세계 정부조달시장은 약 13조 달러(조달청, 2016. 12.)로 OECD에 따르면 각국 국내총생산(GDP)의 약 13퍼센트 수준이라고 한다. 조달청 자료를 보면 한국은 2016년 현재 조달 규모가 약 117조 원이다. 코트라(KOTRA)는 미국 연방정부 조달시장은 2015년 기준 약 4,500억 달러(약 507조 원)인데 연방정부와 지방정부를 합하면 연간 2조 달러(2,253조 원)를 상회한다고 밝혔다. 이는 400조 원이 조금 넘는 대한민국 정부 예산보다 다섯 배가 넘는 규모다. 또한 주중 한국 대사관 자료를 보면 중국의 조달시장 규모는 2014년 기준 약 10조 위안(약 1,800조 원) 이상으로 추정되고 매년 20퍼센트 이상 성장하는 것으로 나타나 있다. 러시아는 2014년 기준 공공조달시장 규모가 600조 원이 넘으며, 베트남 조달시장은 2015년 기준 약 204억 달러, 태국은 2014년 기준 229억 달러 규모다.

여기에다 아주 매력적인 조달시장이 하나 더 있는데 바로 UN 공공조달시장이다. 외교부에 따르면 2015년 기준 UN 조달시장 규모는 176억 달러(약 20조 원)였는데, 한국의 UN 조달시장 진출 규모는 1억 9,290만 달러에 그쳐 전체 UN조달시장 규모의 1퍼센트 정도를 차지할 뿐이다. 한국이 UN 정규예산 분담금으로 매년 5,000만 달러 이상(전체 분담금의 약 2퍼센트)을 지출한다는 점을 감안하면, 지원 대비 한국 기업의 조달 공급 실적이 절반 정도 비율에 불과하니 분발이 필요하다.

조달시장은 규모는 거대해도 각국이 정부조달 물자나 서비스를 자국 기업에게 구매하는 탓에 외국 기업의 입장에서는 시장이 폐쇄적이다. 그래서 WTO는 회원국들이 GPA(정부조달협정, 2016년 46개국)를 맺게 해서 상호 조달시장을 개방하게 만들었다.

GPA에 가입하지 않은 국가는 FTA를 체결해 개방하는 수밖에 없다. 예를 들어 TPP에 참여한 12개 국가의 정부조달시장 규모는 2조 7,425억 달러(대외경제정책연구원, 2014년 7월 기준)인데, 만약 TPP가 살아남고 향후 한국이 가입한다면 우리에게 어마어마한 신규 시장이 열린다. TISA에서도 조달시장 개방을 논의 중이며 TISA가 발효될 경우 50여 개 이상 국가의 조달시장이 동일한 기준으로 한꺼번에 열리는 것이므로 그 규모를 가늠하기조차 힘들다. 한마디로 FTA 시장에서 엄청난 신규 시장이 개방되는 셈인데, 이는 무역국가인 한국에 대단한 기회라 할 수 있다.

직접판매 업계도 이 천재일우의 기회를 놓치면 안 된다. FTA가 선사하는 거대한 조달시장에 가전제품, 통신기기, 사무용품, 의약품, 식품, 건강보조식품, 생활용품을 비롯해 통신 서비스·교육 서비스·물류 서비스·금융 서비스·에너지 서비스·환경 서비스 등을 납품할 수 있다면 얼마나 좋겠는가? 하다못해 화장지라도 납품할 길을 개척한다면 대박이 아니겠는가?

정부조달시장 개척 요령

그러면 정부조달시장을 개척하는 요령을 알아보자.

첫째, 정부조달시장의 특성을 연구한다. 정부조달시장은 거래 상대가 해당국 정부나 지자체, 국제기구이기에 민간 거래와는 자격, 가격, 품질, 물량, 프로세스, 납품, 결제, 후속절차 등이 다르다. 그러므로 정부조달시장을 명확히 인식하고 철저히 파악할 필요가 있다.

둘째, 복합 B2G 시장을 공략할 능력을 갖춘다. 예를 들면 싱가포르와 한국은 모두 5회의 복합 FTA를 체결할 예정이고, GPA 협정에도 동일하게 가입했다. 따라서 싱가포르 조달시장에 진출하려면 5회의 FTA에 포함된 조달시장 개방 조건과 GPA에서의 개방 조건 등 총 6회의 조달시장 개방 조건을 파악하는 것이 필수적이다. 그리고 그중에서 가장 유리한 조달시장 진출 방안을 선택하는 능력을 보유해야 한다. 이를 위해서는 기업체 내부에 복합 B2G 시장 전문가를 확보하는 것이 우선순위다.

셋째, 진출하고자 하는 국가의 공무원을 포섭한다. 그렇다고 비밀리에 첩보 활동을 하라는 것이 아니라 네트워크를 구축해 신뢰를 얻으라는 말이다. 필자의 경우 출장길에 알게 된 해당 공무원에게 납품하고 싶은 상품의 샘플을 보내 직접 써보게 했다. 이어 품질과 가격을 확인한 그 공무원을 통해 노약자 시설에 기부해 신뢰를 얻었다. 그렇게 몇 년간 노력한 끝에 그 공무원의 소개로 해당국 B2G 시장에 진출할 수 있었다.

넷째, 조달시장의 특혜 제도를 활용한다. 가령 미국과
FTA를 체결하기 전 미국 조달시장에 진출하려면 기존의 납
품 실적이 있어야 했기에 한국 기업들의 미국 조달시장 진
출 자체가 막혀 있었다. 이럴 때 한국 기업들이 활용한 기법
이 미국 조달시장의 특혜 제도를 활용해 우회 공략하는 것
이었다. 현지의 약자기업인증서 발급(Disadvantaged Business
Certification), 멘토 프로그램, 여성 기업 지원, 낙후 개발지역
기업 지원, 퇴역군인 기업 지원, 극소 기업 지원(Very Small
Business), 벤더 발굴 지원 등의 제도를 활용해 미국 조달시장
에 간접적으로 진출한 것이다.

특히 2015년 10월 한국 코트라와 미국 소수계기업지원청
(MBDA)이 협력의향서(MOI, Memorandum of Intent)를 맺음에 따
라 우대정책 활용이 용이해졌다. 미국의 소수계 기업에 할
당된 연방정부의 조달 규모는 무려 29조 원(250억 달러)에 달
한다.

다섯째, 해당국 B2G 시장 유력 벤더의 하청을 통해 간접
참여한다. 현지 납품 실적이 우수한 주 계약업체, 벤더, 교
포 조달 업체 등의 하청을 받는 방식으로 진출하면 직접 진
출에 따른 리스크를 줄일 수 있다. 또한 계약 이행에 따른
직접 책임을 피하고 미국 조달시장의 간접 경험을 축적하

며, 한국 기업이 무척 어렵다고 여기는 까다로운 제안서 작성 부담도 덜 수 있다.

여섯째, 정부나 유관기관의 지원을 받는다. 특히 조달시장 진출이 처음이거나 초기인 기업은 이 방법이 가장 안전하다. 현재 코트라, 중소기업수출지원센터, 조달청 등에서 국내 중소기업이 미국 정부조달시장에 진출할 수 있도록 다양한 지원을 하고 있다. 특히 중소기업수출지원센터가 운영하는 미국 연방정부 조달벤더등록 지원 제도는 중소기업청과 중소기업진흥공단이 50개 업체를 선별해 연방정부 벤더등록을 대행하고, 입찰 및 납품 시에도 비용의 일부를 지원한다.

중기이코노미에 따르면 UN조달시장 진입에 성공할 경우 다음과 같은 부수적인 효과도 있다.

- 대금지급이 확실하다. 납품한 물품 및 서비스 대금은 납품 후 30일 내 정한 날짜에 전액 입금된다.
- 적정한 이윤을 내도록 평균 20퍼센트 안팎의 수익률을 보장한다.
- 일단 납품을 시작하면 향후 동일 또는 유사 제품을 추가로 낙찰받을 가능성이 크다.
- 국제금융기구와 미국·EU·중국 등 글로벌 조달시장에 진출하며 가산점을 받는다.
- 기업의 명성과 브랜드 이미지 상승효과도 자연스럽게 따라와 민간시장에서 우대를 받는다.
- 국내 조달시장 진출에 도움이 된다.

슬픈 현실이지만 우리는 국내에서 배척받은 상품이나 서비스, 사업모델이 해외에서 인정받은 뒤에야 국내에서 호들갑스럽게 주목하는 경우를 많이 보아왔다. 그러니 이이제이(以夷制夷) 전략도 써볼 만하다.

물론 국제시장에서 쉬운 곳은 하나도 없다. 비록 처음엔 어렵지만 조달시장은 한국의 직접판매 회사나 일반기업에게 블루오션이다. 무엇보다 한·중·일 FTA, RCEP의 조달시장, TISA의 조달시장 협상에 촉을 세우고 미리 대비해야 한다.

6. 하인리히 법칙 주목,
초국가 소비자를 보호하라

소비자 보호 실패와 성공 사례

직접판매 업체가 글로벌 시장, 특히 FTA 시장에서 가장 신경 써야 할 일은 소비자 보호다. 지금은 초연결 시대라 소비자 불만이 하나라도 발생하면 즉시 전 세계로 확산되어 수습이 어려워진다. 앞으로 유통 분야에서는 소비자 보호 및 위기관리가 마케팅과 판매만큼이나 중요하다. 그래서 FTA 협정에서도 소비자 보호는 매우 엄격히 다룬다. 그러면 소비자 보호를 총체적으로 점검해보자.

먼저 소비자 보호에 실패하면 어떤 결과를 얻는지 일본 도요타의 낙마를 살펴보고, 역시 위기에 처했으나 소비자 보호를 우선시하는 정책으로 기사회생한 존슨앤존슨의 사례를 살펴보자.

도요타의 위기관리 실패 사례

2009년 8월 미국에서 '렉서스ES350'의 가속페달이 매트에 걸리는 설계 결함으로 시속 190km로 폭주해 네 명이 사망하는 사건을 계기로 도요타의 안전성이 의심을 받으면서 도요타 사태가 불거졌다. 이후 미국 CTS가 설계 제작해 '카롤라', '캠리' 등에 장착한 가속페달이 밟은 후 제자리로 돌아오지 않는 결함과 '프리우스' 등 4개 하이브리드카 차종의 제어 프로그램 결함이 이슈화하면서 리콜을 발표하는 등 사태가 점차 커졌다. 또한 2월 24일 도요타 자동차의 대량 리콜 사태와 관련해 미 의회 청문회에 도요타 아키오 사장이 참석해 문제를 일으킨 것을 사죄하고, 향후 대책을 발표했으나 명확한 원인 규명이 이뤄지지 않아 소비자의 신뢰를 회복하는 데 실패했다.

도요타는 사상 최대의 리콜 사태와 미숙한 대응으로 소비자 신뢰가 하락해 창사 이래 가장 큰 위기에 직면했는데, 가속페달 결함 문제로 미국·유럽·중국에서 1,000만 대 가량을 리콜할 것으로 보인다. 이는 2009년 도요타의 글로벌 판매대수 781만 대를 상회하는 수치로 리콜 비용도 1,000억 엔(1조 3,000억 원)에 달할 것으로 예상된다.

또한 대규모 리콜과 불량 사실 은폐, 부적절한 위기 대응으로 2010년 1월 도요타의 미국 내 판매대수는 전년 동기 대비 15% 감소했고, 미국 내 도요타 시가총액은 불과 3개월 사이 13% 급감해 약 22조 원이 증발했다. 보다 큰 문제는 이번 사태로 기업 이미지 실추, 소비자 실망, 판매대수 감소 등의 연쇄 파급 효과로 발생할 피해가 더 클 것이라는 점이다.   – 전경련중소기업협력센터, 2011. 1. 발췌 초연결 시대인 오늘날 글로벌 시장에서 소비자 보호에 실패하면 그 효과가 일파만파로 확대되어 기업의 생사를 좌우할 수 있다. 다음은 소비자 보호로 회사 위기를 잘 극복한 존슨앤존슨의 사례다.

존슨앤존슨 위기관리 성공 사례

1982년 시카고 근교에서 존슨앤존슨 사의 진통제 타이레놀을 복용한 일곱 명의 주민이 잇달아 사망하는 사건이 발생했다. 회사에 최대 위기가 닥치자 존슨앤존슨은 진심을 다한 소비자 보호와 신속한 대응으로 위기를 극복했다.

● 존슨앤존슨은 사건 발생 순간부터 미디어들의 취재에 철저히 협조하는 한편, 관련 정보를 최대한 언론에 공개하는 진실성으로 접근했다.

● 사건 발생 즉시 신속하게 모든 상점과 소비자의 가정에 있던 타이레놀 캡슐을 전국적으로 수거해 2차로 발생할지도 모를 희생을 사전에 차단했다.

● 사망 원인이 누군가가 고의로 청산가리를 제품에 투입했기 때문이고, 제품 제조상 존슨앤존슨은 결백하다는 조사 결과가 나온 이후에도 범인 검거를 위한 현상금을 거는 등 적극적으로 대응했다.

● 추가 피해를 예방하고자 독극물을 투입할 수 없도록 제품 포장을 변경했다.

두 사례를 비교해보면 실패와 성공의 갈림길은 진정성에 있음을 알 수 있다. 아울러 소비자 보호에 대응하는 사내 문화, 제도 등의 차이도 일조를 했다. 여기서 한국의 기업들도 교훈을 얻길 바란다.

마케팅, 초국가 소비자 보호 필수

수많은 나라가 참여해 시장을 통합하는 메가 FTA 시장에서 소비자 보호는 어떻게 해야 할까? 관련 소비자 보호 이론은 많이 있다. 미국의 판례와 OECD를 중심으로 한 소비자 보호 관련 기구나 가이드라인도 등장하고 있다. 또 국제적인 전자상거래 거래에서 소비자 피해 보상이나 분쟁 해결을 위해 많은 이론과 규범을 정립하고 있는 중이다.

예를 들면 'OECD 소비자정책위원회'는 소비자 보호 문제를 체계적·지속적으로 논의하는 공식 국제기구인데

1990년대까지만 해도 제품 안전기준, 리콜제도, 안전조치 상호 통보 등의 소비자 문제를 포괄적으로 논의했다. 최근에는 어린이 보호를 위한 안전조치, 유해제품 리콜 절차, 소비자 안전조치 통보 시스템의 결정 및 권고, 전자상거래 관련 소비자 문제 등 보다 구체적인 사항을 논의하고 있다. 특히 전자상거래 소비자 보호 조치를 강화하고 있다.

이에 따라 FTA 시장에서 전자상거래나 모바일 구매를 하는 초국가 소비자를 보호해야 할 메가 마케팅에서도 OECD의 소비자 보호 규범을 준용해서 활용해야 할지도 모른다. 그렇다고 여기서 너무 복잡한 소비자 보호 이론이나 까다로운 규범을 논하려는 것은 아니다. 다만 메가 마케팅에 필수적인 소비자 보호의 필요 요건을 살펴보고자 한다.

● **소비자 보호 문화를 구축한다.** 메가 마케팅을 하는 기업이나 사업자 모두 소비자를 보호해야 한다는 마인드가 중요하다. 이를 기업 내에서 규정, 보상, 조직, 문화 등 제도적으로 구현해야 한다.

● **FTA 협정문상의 소비자 보호 요건을 지킨다.** 메가 FTA에서는 협정문상의 소비자 보호 조항뿐 아니라 각 참여 국가의 고유한 소비자 보호 규범도 준수해야 한다.

● **소비자 보호 대응팀을 구성한다.** 문제 발생 시 대응팀이 즉각 움직여야 한다. 국제시장에서 성공하는 기업은 신속한 소비자 보호로 기업의 위기를 오히려 기회로 전환한다.

● **보상대책을 마련한다.** 아무리 조심하고 잘해도 사고는 발생하게 마련이므로 사고 발생 시 위로, 보상, 보완대책 등에 필요한 보험 · 기금 · 공제조합 등에 가입해야 한다.

● **소비자 보호 전문가를 육성한다.** 소비자 보호 대비책이 아무리 훌륭해도 결국은 사람이 해야 한다. 따라서 기업 내에 소비자 보호, 그것도 초국가 소비자를 보호할 수 있는 FTA · 법률 · 물류 · 결제 · 안전 · 글로벌 등의 역량을 갖춘 전문가가 있어야 한다.

하인리히 법칙 극복 방안

먼저 사고가 발생하고 그다음에 재앙이 온다고 한다. 그런데 모든 재난과 위기의 88퍼센트는 사실 인간이 만든 것이다. 저 유명한 타이태닉호의 침몰, 9.11 테러, 후쿠시마 원전 사고 같은 재난은 모두 인재로 드러났다. 그렇다면 인재가 유발하는 재앙은 예방할 수 없는 것일까?

이와 관련해 유명한 법칙이 '하인리히 법칙', 일명

1:29:300 법칙이다. 미국 보험회사에 근무한 허버트 윌리엄 하인리히(Herbert William Heinrich)는 직업상 다양한 사고 통계를 접했다. 그가 사고의 인과관계를 계량적으로 분석해보니 한 번의 대형사고가 발생하기 전에 29번의 경미한 사고가 있었고, 더 전에는 부상을 일으키지 않은 300번의 가벼운 실수가 있었다.

이후 하인리히 법칙은 산업 현장뿐 아니라 국가와 개인에게 퍼져 나가면서 많은 사람이 주목하는 법칙으로 자리를 잡았다. 하인리히 법칙에 따르면 한 번의 큰 사고가 일어나기 전에는 보통 300번의 징후와 29번의 경고가 있다.

그렇다고 이 법칙이 모든 것에 들어맞는 것은 아니겠지만, 통계적으로 나온 결과이므로 우리는 여기서 교훈을 얻어야 한다. 사전에 가벼운 징후와 경고를 인지하고 대비하면 큰 사고를 막을 수 있으니 말이다. 결국 하인리히 법칙을 극복하기 위해서는 사전에 철저히 준비하는 방법밖에 없다.

메가 마케팅에서도 한 번의 사고가 생사의 갈림길이 될 수 있으므로 철저히 대비해야 한다. 특히 소비자 보호에 만전을 기하지 않으면 한 번의 실수가 치명적 영향을 미쳐 시장에서 사라질 수도 있다.

7. 15초의 마법,
MOT 마케팅 기법을 도입하라

소비자를 직접 만나야 하는 직접판매 분야에는 특히 MOT(Moment of Truth, 진실의 순간) 마케팅 기법이 필요하다. MOT를 보다 쉽게 이해하도록 다음의 사례로 설명하고자 한다.

서른아홉 살의 젊은 나이에 스칸디나비아항공(SAS)의 사장에 취임한 얀 칼슨(Jan Carlzon)이 1987년《결정적 순간 15초(Moments of Truth)》를 펴낸 이후 MOT란 말이 급속히 퍼져 나갔다. MOT는 다른 말로 결정적 순간이라는 뜻이기도 하다. 그 결정적 순간은 단 15초로, 그 짧은 순간에 승패가 갈리기 때문에 15초 동안 고객의 마음속에 깊은 인상을 심어주어야 한다는 얘기다. 요즘 말로 단박에 심쿵해야 하는 것이다.

칼슨이 스칸디나비아항공의 사장으로 취임한 뒤 파악해보니 대략 한 해에 1,000만 명의 고객이 각각 다섯 명의 직원과 접촉했고 1회 응대 시간은 평균 15초였다. 칼슨은 그 15초가 결국 스칸디나비아항공의 전체 이미지, 나아가 사업의 성공을 좌우한다고 생각했다. 그 결정적 순간의 개념을 도입한 칼슨은 취임 1년 만에 스칸디나비아항공을 연 800만 달러의 적자 회사에서 7,100만 달러의 흑자 회사로 바꿔놓았다.

칼슨은 MOT 개념을 소개하기 위해 불결한 트레이(접시 또는 쟁반)를 자주 예로 들었다. 만약 승객이 자신의 트레이가 지저분한 것을 발견하면 탑승하고 있는 비행기도 불결하게 느낀다는 것이다. 이처럼 MOT는 서비스 제공자가 고객에게 서비스 품질을 보여주는 극히 짧은 시간이지만, 고객에게는 회사의 인상을 좌우하는 아주 중요한 순간이다.

이보다 더한 연구 결과도 있다. 미국 프린스턴 대학의 심리학 연구팀이 200명을 대상으로 타인의 얼굴을 보고 매력, 호감, 신뢰도 등을 판단하는 데 드는 시간을 조사했더니 0.1초라는 결과가 나왔다. 그런데 이 0.1초 만에 판단한 내용은 0.5초나 1초 뒤에 내린 결론과 별 차이가 없었다. 즉, 첫인상은 0.1초라는 극히 짧은 시간에 결정되고 그것은 변함없이 지속된다.

그렇다면 사람을 직접 대면하는 직접판매 유통 분야는 첫

인상 0.1초, 결정적 순간 15초를 최대한 잘 활용해야 한다. 한마디로 소비자를 만나는 사업자는 짧은 시간에 좋은 인상을 심어줘야 한다. 그래서 몸가짐·말·글·표정에 신경을 쓰고 머리 스타일, 구두, 넥타이, 옷차림 등에 예의와 스마트함이 뚝뚝 묻어나게 해야 한다.

아울러 설명하고자 하는 상품과 서비스, 사업에 대해 15초 안에 최대한 좋은 인상을 심어주도록 핵심을 찔러야 한다. 그것도 FTA 시장 고객에게 말이다. 결국 직접판매 사업자가 많이 공부하고, 자료를 간단명료하게 작성하고, 소비자의 니즈에 맞는 상품 및 서비스를 준비하고, 조리 있는 화법을 익히는 것은 당연한 일이다.

8. 다문화 가정 파트너,
FTA 시장 개척의 백만 원군이다

다문화 가정은 소중한 백만 원군

직접판매 산업이 해외로 진출할 때 소중한 4대 보물이 있다. 다문화 가정, 국내 거주 외국 근로자, 해외동포, 국내의 외국인 유학생이 바로 그 소중한 보물이다. FTA 시장에 진출할 때는 이들 보물이 더욱더 빛을 발한다. 왜냐하면 한국이 100여 개 국가와 FTA를 체결하다 보니 그들의 모국이나 거주 국가와 대부분 FTA를 체결하기 때문이다. 이들은 자기 모국과 밀접한 관계를 유지하므로 이들과 연계할 경우 그들의 모국에서 다양한 비즈니스를 추진할 수 있다. 다가오는 FTA 연방 시대에는 이들을 잘 활용하는 사람이 초국가 메가 마케팅에서 승리할 것이다.

국내에 거주하는 200만 명 이상의 외국인 중에서 먼저 다문화 가정부터 살펴보자. 다문화 가정은 외국 국적이거나 귀화한 외국인이 한국인 배우자와 결혼해 이룬 가정을 말한다. 통계청 자료에 따르면 2015년 현재 다문화 가정은 약

28만 가구로 한국 가정 100곳 중 2곳은 다문화 가정으로 나타났다. 인구수로는 89만 명에 육박해 전체 인구의 1.7퍼센트에 달하므로 이제 단일민족이란 개념은 사실상 사라졌다고 봐야 한다.

다문화 가정을 이룬 외국인의 출신 국적은 한국계 중국인이 가장 많다. 그 외에 미국, 베트남, 태국, 필리핀, 일본, 유럽, 몽골, 중앙아시아, 러시아, 대만, 홍콩, 남부아시아 등이 있다. 물론 다문화 가정은 한국인과 외국인의 결합으로 이뤄진 경우라 실제 외국인 수와는 차이가 난다.

200만명이 넘는 외국인, FTA 시장의 막강한 자산

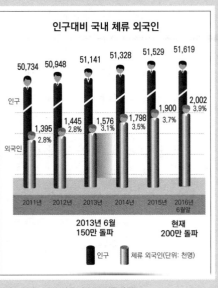

- 2016년 6월 기준 : 국내 체류 외국인 200만 1천828명, 전체 인구의 3.9% (통계청)
- 2021년 국내 체류외국인이 300만명을 넘어서 전체 인구의 5.82%가 될 것으로 예상
- 중국인(101만2천273명), 미국(15만5천495명 · 전체의 7.8%), 베트남 (14만3천394명 · 전체의 7.2%)

FTA 시대에 다문화 가정은 직접판매 업계에 백만 원군이자 소중한 보물이다. 다문화 가정 모국에 직접판매 업체가 진출할 때 필요한 사항을 파악하는 데 도움을 주기 때문이다. 무엇보다 다문화 가정을 파트너로 영입하면 그들의 모국 지인을 파트너로 영입할 수 있을 테니 이 얼마나 소중한 보물인가?

더구나 FTA 협정은 서비스 개방, 자연인 이동, 전문자격증 상호 인정, 대졸 취업자 장기 체류, 특수 분야 취업 허용, 유학생 교환, 비자 완화 등 사람에게 이동의 자유를 대폭 허용하므로 사람이 사업의 가장 중요한 요소인 직접판매 업계에 날개를 달아주는 원군이 아닐 수 없다. 하물며 TISA에서는 이러한 인력 이동 허용이 50여 개 이상의 국가가 합친 초거대 시장에서 자유롭게 이뤄질 것이니 가슴이 뛰지 않는가? 지금이라도 직접판매 사업자들은 한국과 FTA 또는 TISA를 체결하는 나라 출신의 다문화 가정을 파트너로 영입하는 것이 좋다.

잠깐, 그 전에 세 가지 전제조건이 있다.

- 여러분이 FTA를 알아야 한다.
- 다문화 가정이 FTA를 알아야 한다.
- 회사가 FTA를 알아야 한다.

이러한 조건을 충족해야 FTA 시장에 진출하는 사업자를 지원해줄 정책과 시스템을 구축할 수 있다. 이 세 가지가 이뤄지지 않으면 그림의 떡일 뿐이다. 오히려 FTA나 TISA를 활용하는 제3국의 직접판매 업체가 국내시장을 잠식할지도 모른다. 이제는 살기 위해서라도 직접판매 업계가 FTA를 공부해야 한다.

750만 해외동포도 소중한 보물

우리는 너무 국내에 매몰되어 있는 것 같다. 해외 동포들도 국내에서 해외에 지나치게 관심을 두지 않는다고 자주 말한다. 심지어 일본의 신문에서는 해외 관련 사설이 한 달에 3분의 1 이상이나 되는데, 한국 신문에서는 찾아보기 어렵다고 한다. 요즘 같은 FTA 시대에 무역으로 먹고사는 나라에서 참으로 안타까운 일이다.

지금 해외에는 우리와 피를 나눈 동포가 750만에 이른다. 이들의 도움을 받으면 해외 정보를 얻기가 쉽고 나가서 사업하기도 훨씬 수월할 것이다. 해외동포는 국가와 민족, 기업, 개인 사업자에게 소중한 자산이다. 2013년 해외동포재단 자료에 따르면 한민족은 175개국에 726만 명, 유대인은 100여 개 나라에 730만 명, 화교는 130여 개 나라에

4,543만 명이 진출해 있다고 한다. 2016년 재외동포재단 자료는 우리 동포가 세계 180여 개 나라에 퍼져 있고 그 숫자가 750만 명에 이른다고 밝히고 있다. 특히 재미동포 220만명, 재일동포 250만 명, 독립국가연합 65만 명 동포는 우리의 막강한 무기다. 물론 화교는 통틀어서 6,000만으로 알려져 있다.

여기서 우리 민족의 특성을 잘 보여주는 재미있는 분포 특징이 있다. 유대인과는 비교할 수 없을 정도고, 화교 6,000만의 8분의 1 수준인 우리 동포가 더 넓게 180여 개 국가에 분포하고 있는 것이다. 세계에서 자국 국민의 10퍼센트 이상이 해외에 나가 있는 민족은 유대인과 아르메니아인을 빼고는 한국이 최고라고 한다. 역사적으로 오랜 기간 나라 없이 방황한 두 나라를 제외하면, 오랫동안 독립 국가를 유지해온 나라 중에서 한국만 국민의 10퍼센트 이상이 해외에 거주하는 셈이다. 그것도 세계에서 최고로 많은 나라에 거주하면서 최고로 넓은 민족 네트워크를 구축하고 있다!

교통과 통신이 발달하지 않은 20세기에는 한민족 네트워크가 빛을 받히기 못했기만, 세계가 실시간으로 연결되는 21세기에는 다르다. 이 세계 최고의 민족 네트워크는 가히 민족연방이라 부를 만하다. 그것도 영연방보다 더 넓은 영토를 보유한 한민족의 대연방이다. 이 얼마나 소중한 민족적 보물인가?

이 현상은 기마민족인 우리 민족의 특성을 잘 보여준다. 일찍이 서울대학교 이면우 교수는 기마민족인 우리 민족은 이동표적에 강하고, 섬나라 민족인 일본 민족은 고정표적에 강하다고 했다. 그래서 속도가 빠른 디지털 시대에는 우리가 일본을 이길 것이라고 예언했었다.

필자는 초연결 혁명, 4차 산업혁명, FTA 혁명 등 이동성·속도·네트워크가 더욱 강화되는 대변혁 시대에는 우리 민족이 세계를 지배할 것이라고 믿는다. 비록 지금은 강대국에 둘러싸여 어려움을 겪고 있지만 우리가 밖으로 나가 세계 최대의 우리 민족연방, 세계 3위의 FTA 연방 간 연계가 이루어지는 날 우리 민족이 세계에 우뚝 서리라고 본다. 그러므로 우리는 밖으로 나가야 한다. 나가서 750만 우리 동포와 FTA를 연계해 수출도 하고, 사업모델도 만들고, 일자리도 창출해야 한다.

외국인 근로자와 유학생도 고마운 고객

국내에 들어와 있는 외국인 근로자와 유학생은 우리가 대응하기에 따라 소중한 자산이 되거나 우리의 등을 찌르는 비수가 될 수 있다. 이들에게 좋은 인상을 남기면 우호석인 외국인이 되어 모국으로 돌아가서도 우리와 아름다운 인연을 맺고 좋은 사업을 추진하겠지만, 반대로 좋지 않은 인상과 서운함을 안겨주면 이들은 반한 인사가 될 수도 있다.

예를 들어 한국에 관광을 오는 유커의 재방문율이 20~30퍼센트에 불과하다는 것은 무언가 문제가 있음을 보여준다. 70퍼센트 이상이 실망해서 다시는 한국을 방문하지 않는다는 얘기니 말이다. 이제 속 좁은 국수주의나 국내 중심적 사고는 버릴 때가 되었다. 어차피 무역으로 먹고사는 우리가 아닌가. 전 세계가 우리 시장이고, 전 세계인이 우리 고객이다. 우리가 밖으로 나가지 않아도 알아서 들어와 주니 얼마나 고마운 고객인가. 그들을 잘 대해서 주위 사람들까지 데리고 다시 오게 만들어야 한다.

어차피 한국은 그들의 모국과 FTA를 체결했거나 할 것이므로 그들과 함께 거대하게 통합된 시장을 선점하겠다는 꿈을 꿔야 한다. 직접판매 업계도 한시바삐 다문화 가정은 물론 외국인 근로자와 유학생들을 파트너로 영입해야 한다. 그리고 그들을 발판으로 삼아 FTA를 체결한 그들 모국의 지인들도 파트너로 확보해야 한다. 다가오는 대변혁 시대, FTA 시장에서 성공하고 싶거든 이들을 파트너로 영입하라. 거대한 FTA 연방시장을 선점하리니!!

9. 글로벌 사업자 교육용
사이버 아카데미를 개설하라

블렌디드 러닝 시스템 구축

FTA를 체결한 국가 출신의 다문화 가정을 비롯해 많은 외국인 파트너가 생겨도 IBO들이 개인적으로 그들의 모국에 진출하기는 쉽지 않다. 직접판매 회사가 반드시 그들을 지원해줘야 한다. 비자 문제, 지사 설치, 인허가 획득, 상품과 서비스 수출, 물류 시스템 구축, 마케팅 지원, 자금 지원, 보상 시스템 구축, 교육 시스템 구축, 후원수당 지급, 국내 송금, 세금 문제, 법률 문제 등 회사가 지원해야 할 사항은 아주 많다. 더구나 FTA를 체결한 국가에서는 FTA 협정문에 합의한 많은 사항도 준수해야 한다.

이 모든 중요한 사항은 대부분 기업이 해야 할 일이다. 그중에서 사업자와 직접 연계되고 확보한 파트너를 사업자로 전환시키는 중요한 교육 시스템, 즉 전 세계 사업자를 교육하는 사이버 아카데미 개설을 설명하고자 한다.

이제 세상도, 시장도 변했으므로 직접판매 사업자는 변화한 세상을 배워야 한다. 그것도 국내 사업자뿐 아니라 해외에 있는 사업자도 교육을 받을 수 있도록 교육 시스템을 구축해 모두가 배워야 한다. 이에 권하고 싶은 것은 블렌디드 러닝 시스템이다. 이 시스템은 기본적으로 인터넷과 교재로 공부하는 O2O 원격 교육 시스템이다.

이 시스템에서는 우선 국내외 사업자들에게 알려주고 싶은 정보와 교육하고 싶은 내용을 인터넷으로 가르쳐주는 e-러닝(e-Learning)을 실행한다. 사업자들은 이것을 스마트폰이나 e-북(e-Book)으로 공부할 수 있다. 물론 가끔은 모여서 집단 강의도 수강하고 교재도 배포한다. 이를 위해 사업자들의 공부를 돕고 질문에 답해줄 전문가들을 양성해 튜터(Tutor)로 배치한다.

시스템을 구축한 다음에는 여기에 탑재할 콘텐츠가 필요하다. 이를테면 회사소개, 사업소개, 상품과 서비스 안내, 사업 방법, 파트너 지원 방법, 후원수당, 세무 문제, 법적 문제 등과 함께 FTA 내용 등이 있다. 이러한 콘텐츠는 블렌디드 러닝 시스템을 구축하기 전에 미리 준비해 이에 적합한 시스템을 갖춰야 한다.

결국 교육 시스템은 사업자들이 손쉽게 접속하고 이용이 가능하도록 사업의 허브가 되어야 하므로 기업의 홈페이지를 겸하거나 이와 연동해야 한다. 또한 FTA와 TISA 등의 환경에 최적화하고 4차 산업혁명도 소화해야 한다.

브라우저 간 연동 필수

여기서 특별히 주의할 것은 블렌디드 러닝 교육 시스템과 홈페이지를 한국식으로 구축하면 안 된다는 사실이다. 한국은 초고속망이 잘 구축되어 있어서 인터넷 속도도 빠르고 스마트폰 사용도 편리하다. 그래서 한국 기업들의 홈페이지를 보면 울긋불긋하고 여기저기서 동영상이나 플래시를 사용한 우아한 장면도 많다. 하지만 이런 식의 웹사이트나 홈페이지는 글로벌 시장에서는 종종 먹통이 된다.

이것을 이상하게 여기기 전에 해외에 나가 한번 인터넷을 사용해보라. 아마 한국이 얼마나 인터넷과 모바일 환경이 잘 구축되고 편리한 나라인지 단박에 느낄 것이다. 그러므로 교육 시스템이나 홈페이지를 구축할 때는 다음의 사항에 유념해야 한다.

● **브라우저[4] 간 연동이 필요하다.**

대다수 한국인이 활용하는 마이크로소프트사의 브라우저 '익스플로러'는 2016년 말 기준으로 세계시장 점유율이 8.92퍼센트로 세계 4위다. 따라서 다른 브라우저와 연동되지 않는 익스플로러 전용 웹사이트와 홈페이지는 세계시장의 90퍼센트 이상과 단절된다는 사실을 기억해야 한다. 필자는 매년 300~400개의 중소기업에서 FTA를 알리고 컨설팅을 할 때 홈페이지부터 점검한다.

세계 주요 브라우저 시장 점유율 현황

꾸준히 하락하는 인터넷익스플로러 시장점유율 (단위: %)

58.48

●○ 구글 크롬
○ 파이어폭스
●○ 사파리
● 인터넷 익스플로러

13.45
10.54
8.92

2014년   2015   2016

※ 매년 12월 기준   자료: 스탯카운터

- MS 익스플로러: 크롬 · 사파리에 밀려 세계 4위로 추락, 점유율 96%에서 8.9%로 추락
- PC에만 안주하면서 모바일에 소극적
- 그러나 한국에서는 아직도 87.64%(한국인터넷진흥원), 세계 흐름에 뒤처질 위기

● 동영상과 플래시 사용을 자제한다.

동영상과 플래시를 사용한 콘텐츠는 온라인상에서 무겁기 때문에 초고속망이 깔리지 않은 동남아시아, 시남아시아, 중남미, 아프리카 등지의 외국인이나 바이어 등이 접속하려 하면 사이트가 뜨지 않거나 접속이 어렵다. 그러므로 해외 파트너들을 고려한 교육 사이트나 홈페이지에서는 동영상과 플래시를 많이 사용해서는 안 된다.

● **프레임을 줄인다.**

웹사이트와 홈페이지에서 구획으로 나눈 것을 프레임이라고 하는데, 초고속망이 없는 곳에서 이것이 많으면 접속이 어려워진다. 프레임이 많다는 것은 오프라인에서 사람들이 들어오지 못하게 대문에 판자를 대고 못을 박은 빗장이 많은 것과 같기 때문이다. 따라서 외국인을 위한 교육 사이트나 플랫폼, 홈페이지 등은 4~5개의 프레임으로 만드는 것이 좋다.

● **키워드 중심으로 소개한다.**

홈페이지를 보면 대개 자기 회사와 상품, CEO를 장황하게 설명하고 있다. 네티즌이나 바이어의 90퍼센트가 구글링(구글로 검색하는 것)을 하는데 구글의 검색엔진은 키워드를 찾아서 검색한다. 이때 산문형의 긴 설명은 인터넷 검색의 후순위로 밀릴 수밖에 없다. 그러므로 교육 및 홍보 사이트, 플랫폼, 홈페이지 등을 구축할 경우에는 반드시 키워드 방식으로 구축하고 홍보하는 것이 좋다.

이 외에도 24시간 내 고객문의에 응답하기 같은 신뢰성 문제, 사이트 내용의 안전을 담보할 보안 문제, 제휴사와의 연동 문제, 국제 사이트로서의 언어 문제, 아세안·이슬람 국가들의 할랄인증, 유대교의 코셔인증, 문화에 따른 색상 문제 등 고려할 점이 아주 많다. 기업은 반드시 이런 사항들을 고려해 교육 사이트 구축, 홈페이지 개설, 온라인 홍보 등에 유의해야 한다.

10. 초국가 사업자
지원 시스템을 구축하라

다음으로는 외국의 사업자와 파트너를 위한 초국가적 지원 시스템을 구축해야 한다. 앞서 글로벌 사이버 아카데미 개설에서는 기술적인 문제를 짚어보았지만 여기서는 제도적 문제를 살펴보겠다.

일단 FTA를 체결하면 양자 FTA든, 다자 FTA든, 복합 FTA든, 복수국 간 협정이든 경제적으로는 국경이 사라진다. FTA 시장에서는 수출입 개념이 아니라 내수 확장 개념으로 사업을 하므로 이를 지원하기 위한 시스템을 구축해야 한다. 더구나 많은 나라가 참여해 공동으로 체결하는 메가 FTA에서 국가 간 경계는 의미가 없으므로 직접판매 기업은 다음의 사항에 유의해 초국가 지원 시스템을 구축해야 한다.

● **국제적 상품 및 서비스 선정 기준을 통일한다.**
현지 상품과 서비스도 시스템에 올려야 하고 국내외 소비자가 모두 구매하므로 품질, 환경, 안전, 디자인, 포장, 특허,

브랜드 등에서 글로벌 선정 기준을 마련해야 한다. 이때 주의할 것은 FTA 협정문을 준수해야 한다는 점이다. 현지 상품 및 서비스를 현지인뿐 아니라 FTA 체결 국가의 다른 나라 소비자나 국내 소비자도 구매할 수 있기 때문이다.

● 글로벌 사업자 지원 전략을 마련한다.

선진국에서는 이미 보편화된 직접판매 산업에 대해 글로벌 시각과 산업적 측면에서 지원 전략을 수립한다. 한마디로 국제표준에 맞춰 지원 방안을 마련한다.

● 글로벌 보상플랜을 마련한다.

여기서 고민이 생길지도 모른다. 한국의 직접판매 규제가 글로벌 현장과 괴리가 있기 때문이다. 현재 직접판매 업계는 보상플랜 관련 규제를 시정하기 위해 서명운동을 벌이고 있는데, 그 판단 준거는 글로벌 시장에서의 경쟁력 측면에서 봐야 한다. 아직 확답할 수는 없지만 글로벌 사례를 보면 답은 나온다. 아무튼 FTA 체결국에서의 직접판매 보상플랜은 해당 시장에서 경쟁력 있게 마련해야 한다. 후원수당 규제나 제품 판매가액 한도 역시 FTA 시장에서의 경쟁력을 기준으로 마련하는 것이 바람직하다.

● 최적 물류 전략을 수립한다.

특히 다자 FTA 시장에서 물류 전략은 치명적 영향을 미친다. FTA 협정을 모르고 물류 전략을 수립했다가는 낭패를 보기 십상이다. 대표적으로 FTA 시장에는 P2P(Port to Port, 직접운송) 원칙이 있다. P2P 원칙이란 FTA 시장에서 수출입 화물은 반드시 FTA 체결국 항구간에 직접 운송돼야 한다는 것이다. 다른 나라 항구에 들르면 서류 조작, 포장 조작, 상품 바꿔치기, 환적 등으로 국적 세탁이 발생해 엉뚱한 나라 상품이 FTA의 혜택을 볼 수 있기에 P2P 원칙을 철저히 지켜야 한다. FTA에서 이것은 관세만큼 중요한 원칙인데, 그 이유는 FTA의 혜택을 보기 위해 실제로 국적 세탁이 비일비재하게 발생하기 때문이다.

또한 FTA 연방 시장에서 최적 물류 기지를 구축해야 한다. 많은 국가들이 참여한 다자 FTA 시장에서 개별 국가별로 물류 전략을 짜는 시대는 지났다. 이는 FTA 협정문상의 물류 조항을 이용해 물류비용을 획기적으로 절감하는 방법이기도 하다.

● FTA 규정에 맞춰 온라인 사업 지원 시스템을 구축한다.

웹이든 앱이든 플랫폼이든 MCN[5]이든 지원채널을 구축한다. 아마 이들 채널을 통합해서 구축하는 게 가장 좋을 것이다. 단, 중요한 것은 이 온라인 지원 시스템이 FTA에서의 전자상거래 규범을 준수해야 한다는 점이다. 현재 한·중·일 3국간의 FTA에서 전자상거래 시장 통합을 논의 중이고, TISA에서도 전자상거래 시장의 통합과 표준을 논하고 있다. 온라인 지원 시스템이 FTA 규범을 준수하지 못하면 그 FTA 시장에 진출하기 어렵다.

다자 FTA 시장에서의 온라인 사업 지원 시스템도 국가별로 구축해서는 안 된다는 점을 기억해야 한다. 예를 들면 TISA는 50여 개 이상의 국가가 참여하는데 이들 국가에 공통적으로 통하면서도 TISA 규범에 맞춘 초국가 온라인 사업 시스템이 필요하다. TISA의 모든 참여국에 차별 없이 적용 가능한 전자상거래 표준규범, 절차, 인허가, 보안, 상품, 서비스, 결제, 물류, 구매, 판매, 마케팅, 소비자 보호 등을 구현하는 초국가 사업지원 시스템이 필요한 것이다.

4차 산업혁명, FTA 혁명 등 대변혁 속에서 세상은 광속으로 변하고 있다. 바야흐로 244개 국가의 개인 소비자가 하나의 플랫폼에서 하루에 20조 원이 넘는 쇼핑을 하는 플랫폼 경제 시대다. 그것도 대부분 휴대전화로 말이다. 이러한 변화 속에서 어떻게 생존할 것인가?

어느 시대에나 시대 변화의 추동력은 있게 마련이다. 그 추동력은 바로 시대정신이다. 세계가 하나의 시장으로 통합되어가는 FTA 시대의 시대정신은 개방, 동합, 상생이다. 이를 뒷받침하는 FTA 시대의 생존 DNA는 소통(Communication), 스피드(Speed), 네트워크(Network), 창조(Creativity) 등 이른바 CSNC 본능이다. 이에 적응하는 자는 살고, 못하면 죽는다.

이제는 적자생존을 넘어 속자생존의 시대다. 적응하되 남보다 빨리 적응해야 산다는 말이다.

  4차 산업혁명이 기술 혁명이라면 FTA 혁명은 시장 혁명이라 할 수 있는데, 4차 산업혁명의 기술과 결과를 FTA 시장에서 구현하고 거래하니 둘은 떼려야 뗄 수 없는 관계다. 따라서 이 책은 두 혁명이 조화를 이루는 현장과 그 현장에서 성공하는 비법을 알리고자 철저히 현장 입장에서 전개했다. 국내가 아닌 글로벌 시장 위주로 10년을 내다봐야 한다. 4차 산업혁명이 본격화하고 RCEP, FTAAP, TISA 등이 발효되는 2020년 이후부터는 국내시장에 천지개벽이 일어날 테니 말이다.

한국인의 조만장자를 꿈꾸며

"특이점(Singularity)이 온다."

최근 전 세계는 이 화두에 몰두해 있다. 일본의 손정의 소프트뱅크 회장은 특이점에 대비해 영국의 모바일 반도체 제조사 ARM 홀딩스를 310억 달러(약 35조 원)에 인수했고, 소형 위성을 활용해 전 세계에 인터넷을 보급하는 원웹에 10억 달러(1조 1,300억 원)를 투자했다.

특이점이란 무얼 말하는 걸까? 구글의 기술고문이자 세계적인 미래학자 레이 커즈와일(Ray Kurzweil)은 기계가 인간보다 더 똑똑해지는 시점을 '특이점'이라 명명하고, 2030년 무렵 특이점이 올 것이라고 예측했다. 이때 온 세상과 모든 것이 서로 접속한 초연결 세상이 오는데, 특이점 이후는 인간 존재의 양식 자체가 달라질 것이라고 한다. 빅데이터, 인공지능, 자율주행 자동차, 로봇의 진화 등 최근의 변화는 4차 산업혁명의 초기 모습임에도 불구하고 굉장히 경이롭다. 앞으로 2030년 후의 변화는 그야말로 상상하기조차 어렵다.

이 특이점 개념은 기술뿐 아니라 사회적, 경제적으로도 그 의미를 확대해 사용하고 있다. 최근 한국의 모 인터넷은행의 폭발적인 성장세를 보면 곧 금융 분야에서도 신기술로 무장한 핀테크 업체가 기존 금융권을 능가하는 금융 특이점이 닥칠 것 같다고 한다.

필자는 세계 교역 분야에서도 FTA를 기반으로 특이점이 올 것으로 보고 있다. 이미 광군제의 쇼핑 대폭발이나 직구매 등 세계 교역의 특이점 조짐은 시작되었다고 본다. 그때쯤이면 무역으로 먹고사는 우리 대한민국도 대도약하는 특이점 시대를 맞이하지 않을까?

특이점 시대를 앞두고 필자는 즐거운 꿈을 꾸고 있다. 특이점에 도달하는 딥 체인지(Deep Change) 시대에 한국에 조만장자가 등장하는 꿈을 꾸고 있는 것이다. 미국의 미래학자 토머스 프레이가 예언한 조만장자 말이다.

실제로 세계 금융계는 1조 달러 이상의 부를 거머쥔 조만장자 탄생에 관심을 기울이기 시작했다. 스위스의 금융그룹 크레디트 스위스는 〈2013 세계 부 보고서〉에서 지금 같은 경제 흐름이 이어질 경우, 머지않아 첫 조만장자가 등장할 것으로 전망하고 있다.

토머스 프레이는 조만장자 탄생을 예언하면서 18개 산업을 예로 들었다. 그것은 4차 산업혁명 시대의 산업인 암호화된 화폐(Cryptocurrency), 즉석 학습(Instant Learning), 사물인터넷(Internet of Things), 노화 치료(Cure for Human Aging), 드론 서비스(Flying Drone Services), 기상 조절(Controlling the Weather), 로봇 도우미(Robotic Services), 3D 원격 아바타(3D Telepresence Avatars), 인공지능(Artificial Intelligence), 에너지 저장(Energy Storage) 등인데 대부분 한국도 도전해볼 만한 산업이다.

그런데 조만장자가 나타날 때쯤이면 FTA는 얼마나 확산되어 있을까? 전 세계는 FTA로 시장을 통합해 지구촌이 하나의 시장이 될 테고, 그 통합된 시장을 한국의 K-FTA(Korea FTA) 연방이 장악할 수도 있다. 한국은 현재 세계 3위의 FTA 연방국이니 허황된 꿈도 아니다. FTA 시장에서 글로벌 플랫폼을 기반으로 조만장자를 품은 산업을 한국이 주도할 때, 한국인 조만장자가 등장하지 않을까?

그에 근접한 산업 형태가 바로 글로벌 IBO와 세계 유통 플랫폼을 보유한 직접판매 분야다. 전 세계에 1,000만 명의 IBO를 양성해 18개 산업 중 하나, 가령 IoT 분야 하나만 장악해도 이는 가능한 일이다. 그것은 곧 대한민국을 위하는 길이기도 하다.

세계적인 민족 연방을 구축한 한국은 세계 3위의 FTA 연방국이고 두뇌가 우수한 민족이며, 수준 높은 한류 문화를 보유한 문화강국이다. 또한 한국은 현재 세종대왕, 영·정조 시대에 이어 300년마다 찾아오는 역사적 부흥기를 맞이하고 있다. 이 저력을 모아 21세기를 리드하는 강소국으로 나아가자. 또 이 저력을 바탕으로 세계인이 좋아하는 나라, 세계인이 찾아오는 나라, 세계인이 살고 싶어 하는 위대한 나라를 만들자.

제1장 트럼프도 권유한 부자 사업, 직접판매의 미래는?

1) 메가슈머(Megasumer): Mega(큰, 거대한) + Consumer (소비자)의 합성어다. 국가나 국경에 관계없이 가치소비를 하는 새로운 종류의 신소비족으로 직구매·역직구매 등의 직구족(온라인), 알리바바의 광군제 소비자(모바일), 메가 FTA 시장에서의 초국가 소비자(FTA) 등을 총칭한다.

2) FTA(Free Trade Agreement, 자유무역협정)

- 세계 각국이 각자 교역 경쟁을 하며 상호이익을 위해 자유로운 거래를 저해하는 관세 및 비관세 장벽 등을 폐지하거나 낮춰 시장을 통합하는 새로운 교역 메커니즘. 2016년 6월 현재 424개의 RTA(Regional Trade Agreement, 지역무역협정)가 발효 중이다. 이 중에서 가장 낮은 단계가 FTA이므로 실질적인 FTA 발효 건수는 424개이며 논의하는 것까지 합하면 약 700개로 추정된다.

3) 전자상거래(Electronic Commerce)의 형태

- B2C(Business to Consumer): 기업과 소비자 간 전자상거래 형태. 쇼핑몰, O2O 업체 등
- B2B(Business to Business): 기업과 기업 간 전자상거래 형태. 자동차 회사와 부품 업체 거래

- B2G(Business to Government): 기업과 정부 간 전자상거래 형태. 정부 조달

- C2C(Comsumer to Consumer): 소비자 간 전자상거래 형태. 옥션 등 경매 사이트

- G2C(Government to Consumer): 정부와 국민 간 직거래 형태. 온라인 민원서류, 벌금 납부 등

4) 공유 서비스의 대표적인 모델

- 우버(Uber): 차량 공유 서비스. 전 세계의 개인 차량을 연결한 대표적인 초연결 네트워크 사업모델

- 에어비앤비(Airbnb): 숙박 공유 서비스. 전 세계의 빈방을 연결해 서비스하는 대표적인 초연결 사업모델

- 한국의 공유 서비스 모델: 코자자(방), 쏘카(자동차), 열린옷장(옷), 국민도서관 책꽂이(책) 등

5) M2C(Manufacturer to Consumer): 4-직모델

- 직구매(직구): 온라인에서 한국 소비자가 외국 상품을 직접 구매하는 개인 교역 모델

- 역직구(직판매): 온라인에서 외국 소비자가 한국 상품을 직접 구매하는 개인 교역 모델

- 직소싱: 유통 업체가 구매대행 업체를 배제하고 FTA를 활용해 직접 구매하는 모델

- 직생산: 판매업체나 생산업체가 FTA 체결 국가에서 직접 생산해 판매하는 모델

6) 새로운 차원의 현실

- PR(Physical Reality, 실존현실): 물리적 실체가 있는 현실 세계

- VR(Virtual Reality, 가상현실): 3차원 환경의 가상으로 구현해낸 가상세계

- AR(Augmented Reality, 증강현실): 현실세계와 가상세계를 결합한 새로운 세계. 가령 포켓몬 고

- MR(Mixed Reality, 융합현실): 가상현실과 증강현실을 융합한 새로운 세계. 가령 체육관 안 고래 출현

제2장 4차 산업혁명, 대한민국의 미래다

1) IPv6(Internet Protocol Version 6, 아이피 버전 식스)

- IPv4(32비트) 주소: 현 도메인 체계로는 약 43억 개(4,294,967,296개)의 인터넷 주소 생성이 가능하나 현재 거의 고갈 상태

- IPv6(128비트): IPv4의 인터넷 주소가 고갈되면서 고안한 차세대 인터넷 주소 체계로 2012년 1월 30일 기준으로 IPv6의 인터넷 주소는 2의 128승 개인 약 340간 개의 주소 생성이 가능하다. 즉, 거의 무한대로 주소를 할당할 수 있다(약 340간 개: 340,282,366,920,938,463,463,374,607,431,768,211,456개).

- 현재 우리나라도 IPv4에서 IPv6로 도메인 주소 전환 중

- 간 : 일, 십, 백, 천, 만, 억, 조, 경, 해, 자, 양, 구, 간, 정, 재, 극

2) 산업혁명 구분

- 1차 산업혁명: 1775년 제임스 와트의 증기기관 발명으로 기계화의 1차 산업혁명 시작

- 2차 산업혁명: 1879년 에디슨이 전구를 발명하는 등 전기가 에너지원으로 쓰이면서 대량생산의 2차 산업혁명 시대 개막

- 3차 산업혁명: 1970년대 이후 컴퓨터, 정보통신 기술 발달로 인터넷이 전 세계를 동시에 연결하면서 3차 산업혁명 시대 도래

- 4차 산업혁명: 빅데이터, IoT, 인공지능, 로봇, 무인자동차, 3D 프린팅, BIO, NANO 등 신기술의 융·복합으로 사이버 공간과 물리적 세계가 연결되고 사물들이 서로 소통하는 신 산업혁명 시작

3) μm(마이크로미터) 크기

- 킬로미터(km), 1km = 1,000m
- 미터(m), 1m = 100cm
- 센티미터(cm), 1cm = 10mm
- 밀리미터(mm), 1mm = 1,000μm
- 마이크로미터(μm), 1μm = 1,000nm, 1μm = 1/10^{3}mm = 1/10^{4}cm = 1/10^{6}m = 1/10^{9}km
- 나노미터(nm), 1nm = 1,000pm
- 피코미터(pm), 1pm = 1,000fm
- 펨토미터(fm), 1fm = 1/10^{3}pm = 1/10^{6}nm = 1/10^9μm = 1/10^{12}mm = 1/10^{13}cm = 1/10^{15}m = 1/10^{18}km

제3장 초거대 시장 TISA, 유통의 국제표준을 논한다

1) 복수국 간 협정

- ITA(Information Technology Agreement, 아이티에이): 정보기술 협정
- EGA(Environmental Goods Agreement, 이지에이): 환경상품 협정
- GPA(Government Procurement Agreement, 지피에이): 정부조달 협정
- TISA(Trade in Services Agreement, 티사): 서비스 협정

2) 정부조달시장(B2G, Business to Government)

- B2G 시장 특성: 일반적으로 각국은 자국 공무원이나 정부, 공공기관 등에서 사용하는 물자 및 서비스를 자국 기업에게서 조달하므로 외국 기업에는 폐쇄적인 시장이다.
- 전 세계 정부조달시장은 약 13조 달러로 각 국가 GDP의 13퍼센트로 추산되는 거대한 시장이다.
- GPA(Government Procurement Agreement, 정부조달협정): WTO 회원국 간에 맺은 정부조달 개방 협정으로 일종의 복수국 간 협정이다.

3) 다양한 신전자상거래 모델 유형

- e-커머스(Electronic Commerce): 인터넷 활용 전자상거래, 쇼핑몰이 대표적 형태

- M-커머스(Mobile Commerce): 모바일 기기 활용 전자상거래. 쿠팡 같이 스마트폰, 태블릿 PC 활용

- 소셜 커머스(Social Commerce): 유튜브, 라인, 페이스북, 인스타 그램 등 플랫폼 활용. 싸이의 성공

- 플랫폼 커머스(Platform Commerce): 인공지능·생체인식 등을 활용해 검색, 구매, 결제, 배송까지 가능한 신개념 전자상거래. 커머스 4.0, 광군제 및 e-WTP 모델도 일종의 플랫폼 커머스

- AI 커머스(Artificial Intelligence Commerce): 인공지능을 활용해 개개인의 구매 이력과 홈쇼핑 시청 내역 등을 분석한 데이터를 기반으로 고객에게 가장 적합한 상품을 추천하고 구매하게 하는 서비스

제4장 메가슈머를 잡는 자가 초국가 시장에서 승리한다

1) 제로섬 게임과 플러스섬 게임

- 제로섬 게임(Zero Sum Game): 경제이론 중 여러 사람이 서로 영향을 받는 상황에서 모든 이득의 총합이 항상 제로가 되는 상태를 말한다. 레스터 서로(Lester Thurow) 교수가 1981년 《제로섬 사회》에서 주장했다. 경마나 슬롯머신 같이 패자에게서 모은 돈을 우승자에게 나눠주는 게임이 대표적인 사례다.

- 플러스섬 게임(Plus Sum Game): 게임 참여자 모두가 손해 없이 이득을 보는 게임으로 한계효용체감의 법칙이 작동하는 아날로그 경제에서는 불가능하지만, 한계효용체증의 법칙이 작동하는 디지털 경제에서는 가능한 게임이다.

2) 이타적 공진화(co-evolution)란?

- 공진화는 1964년 생물학자 에리히(Ehrich)와 라벤(Raven)이 나비와 식물 사이의 상호 진화를 연구하면서 '상호 작용하는 종들의 상호 호혜적 진화적 변화'라는 의미로 처음 사용했다. 이후 사회학·경제학 등에서 사용하고 있다.

- 공진화는 착취적 공진화, 경쟁적 공진화, 이타적 공진화의 세 가지로 분류한다.

● 착취적 공진화: 먹이사슬에서 포식자와 피식자 관계에 발생하는 진화. 치타와 영양.

● 경쟁적 공진화: 서로 다른 동물들이 같은 먹잇감을 놓고 사냥의 경쟁력을 위해 각자 진화. 사자와 하이에나

● 이타적 공진화: 상호 협력으로 번식과 생존을 유지하면서 진화. 꿀벌과 꽃, 물고기와 조개류

- 네트워크 경제, FTA 경제에서는 이타적 공진화가 필수적이다. 네트워크에서는 어느 한 쪽이 손해가 나는 일방적인 네트워크가 성립하기 곤란하다. 기울어진 운동장에서는 네트워크 법칙이 작동하기 어렵다.

3) 주체별로 본 전자상거래 글로벌 확장

- 국경 간 전자상거래(CBT, Cross-Border e-Commerce or Trade):
B2C, 개인 국제 전자상거래

- 전자무역(e-Trade): B2B, 기업 국제 전자무역

- 전자조달(e-Bid): B2G, 정부 국제 전자조달

- 전자교환(e-Exchange): 개인 · 기업 · 기관 · 단체 · 지자체
등. 국제 전자교환, 전자거래소

4) 갈라파고스 효과

- 갈라파고스 효과는 1990년대 이후 일본 제조업이 국내
시장에만 주력하길 고집한 결과 세계시장에서 고립된 현상
을 일컫는 용어. 마치 남태평양의 갈라파고스 제도가 육지
로부터 고립돼 고유한 생태계를 유지해온 것과 같아서 붙여
진 이름이다.

제5장 메가 마케팅 10대 성공 전략

1) CSR 국제표준과 진화 형태

- CSR(Corporate Social Responsibility, 기업의 사회책임): 기업의 사
회적 책임을 뜻하며 CSR의 최종목표는 사회와 기업의 지
속가능성을 동시에 실현하는 것이지만 기업 가치에 중점을
둔다.

- CSV(Creating Shared Value, 공유가치 창출): 미국 하버드 대학 마이클 포터 교수가 제안한 개념으로 기업의 가치와 사회적 가치를 동시에 충족시키는 활동이다.

- ISO 26000: CSR의 행동규범이자 국제적 표준으로 7가지의 실천영역(기업지배구조, 인권, 노동, 사업관행, 소비자, 환경, 지역사회)을 명시한다.

- 유엔 글로벌 콤팩트(UN Global Compact): 유엔 전 사무총장 코피아난이 제안한 유엔 차원의 CSR 원칙으로 인권, 노동, 환경과 반부패 분야에서의 기업 전략을 유엔 글로벌 콤팩트 10대 원칙과 결합해 나가도록 하는 규범이다.

2) 시멘스 클럽(Seaman's Club)

- 바이킹 시대부터 설치되기 시작한 선원들의 휴식, 정보교환, 취업 등을 위한 장소로 전 세계 600여 개 이상의 항구에 900개 이상의 클럽이 존재한다. 시멘스 클럽의 해양 서비스 허브 기능을 활용하는 다양한 사업모델이 탄생하는 중이다.

3) 블렌디드 러닝(Blended Learning) 시스템

- 블렌디드 러닝 시스템은 지리적으로 멀리 떨어져 있는 사람들을 교육하기에 적합한 O2O 광역 교육 시스템으로 지역, 시차, 시간, 국경에 관계없이 교육이 가능하다.

- 블렌디드 러닝 = e-Learning + Mobile + e-Book + PDF + Off-Line 강의 + 교재 + Tutor 등으로 구성된다.

4) 웹브라우저(Web Browser)

- 웹브라우저란 인터넷 망에서 웹(www) 서비스를 이용하도록 지원하는 응용 프로그램을 말한다. 일반적인 기능으로는 웹 페이지 열기, 최근 방문한 URL(Uniform Resource Locator) 및 즐겨찾기 제공, 웹페이지 저장 기능 등이 있다.

- 익스플로러(Explorer), 파이어폭스(Firefox), 구글 크롬(Google Chrome), 애플 사파리(Apple Safari), 오페라(Opera) 등이 있는데 2016년 12월 기준 익스플로러가 8.92퍼센트로 크롬·파이어폭스·사파리에 이어 4위를 기록했다.

- 한국에서는 2016년 상반기 기준 국내 점유율 87.64퍼센트(한국인터넷진흥원 발표)를 기록함으로써 브라우저의 글로벌 트렌드와는 역행하는 퇴행적 현상이 발생했다.

5) MCN(Multi Channel Network, 다중채널네트워크)이란?

- MCN은 유튜브 생태계에서 탄생했는데 유튜브에서 인기가 오르고 수익을 내는 채널들을 묶어 관리해주는 곳이 생긴 것이 출발점이다.

- 인기 있는 유튜브 채널인 크리에이터들에게 제품, 프로그램 기획, 결제, 교차 프로모션, 파트너 관리, 디지털 저작권 관리, 수익 창출·판매 및 잠재고객 개발, 콘텐츠 유통과 해외 진출 등을 지원한다.

- 글로벌 MCN 투자 현황: 월트 디즈니는 미국 최대 규모의 MCN 메이커 스튜디오를 5억 달러(약 5,830억 원)에 인수했

다. AT&T는 풀스크린을 3억 달러(약 3,511억 원)에, 드림웍스 애니메이션은 1,500만 달러(약 175억 원)에 어썸니스TV를 인수했다.

 - 국내의 대표적인 MCN: CJ E&M의 다이아TV, 아프리카 TV, 트레져 헌터 등

메가 마케팅

1판 1쇄 찍음 2017년 8월 18일
1판 2쇄 펴냄 2018년 6월 10일

지 은 이 이창우 / **감수** 이미희
펴 낸 이 배동선
　　　　　마케팅부/최진균
　　　　　총무부/허선아
펴 낸 곳 아름다운사회
출판등록 2008년 1월 15일
등록번호 제2008-1738호
주　　소 서울시 강동구 성내동 419-28 아트빌딩 2층 (우: 05403)
대표전화 (02)479-0023
팩　　스 (02)479-0537
E-mail assabooks@naver.com

ISBN : 978-89-5793-195-0　03320
가격: 8,000원